ROSINA NEGINSKY

JUGGLER

AND OTHER POEMS

UNIVERSITY **P**RESS
OF THE **S**OUTH

2023

Copyright 2023 by Rosina Neginsky.

All rights reserved. No part of this publication may be reproduced, stored in a retrieval system, or transmitted, in any form or by any means, electronic, mechanical, photocopying, recording or otherwise, without the prior written permission of the Publisher.
Published in the United States by University Press of the South, New Orleans, LA 70119 USA
Printed by BookMundo, France/The Netherlands.

E-mail: unprsouth@aol.com
Visit our award-winning web pages: www.unprsouth.com
www.punouveaumonde.com
Acid-Free Paper.

Rosina Neginsky.
Juggler and Other Poems.
294 pages.
Front Cover Design by Stan Duchêne. Painting by Vasilii Myazin, *The Kiss* (1998, Private Collection). Printed with Permission.

1. Poetry. 2. Prose Poetry. 3. Bilingual English-Russian. 4. Illinois. 5. Love. 6. Birth. 7. Yearning. 8. Alain Saint-Saëns. 9. Ethan Lewis. 10. Rosina Neginsky.

ISBN: 978-1-952799-52-5
2023

Table of Contents

Ethan Lewis: Foreword — 9

Acknowledgments

Amore — 15

A Dream — 16

Love — 18

Unloved — 22

Vessel — 24

Voice — 26

I sit in the armchair — 28

She came close to him — 32

Mexico — 34

Dark Night — 36

Grey road — 38

Lovers — 40

He and She — 42

Liubov' — 44

Two Knights — 46

Birth/Рождение — 51

Birth — 52

Fire — 54

Absent Creativity — 56

Silence	60
Red Cliffs	62
Music	64
Ghosts are her friends	66
My Double	68
A Poet and a Crowd	70
Variations on the theme of *The Island at War*	72
Creativity	74
Morning Dew	76

Yearning   79

Mrs. Dalloway	80
Naked Heart	82
Without Curiosity	84
Fortress	86
Yearning	88

Juggler   91

Juggler	92
Golem	96
Holbein's Christ	100
Monk	104
Priest	108
The Scream	114
Salome	118

Beata Beatrix   128

Encounters   133

Borges   134

A Woman   138

A Little Girl   140

Wide Smile   142

A Lady from Kentucky   146

Hate   148

Devil   150

Enemies   152

Morpheus   154

Pain   156

The Crowd   158

Insomnia   160

Walks Through Rome   164

Rome   166

Beautiful City   168

Street   172

Illness   176

Flowers   180

Mermaid/Русалка   183

Mermaid   184

Grey Rock   188

Prayer	190
Fall Day	192
Hibiscus	194
Sensations	198
Life casts me	200
Carousel	202
Red Lava	204
Clock	206
Rubber Balloon	208
Invitation	210
Separation	212
She	214
Ballads/Баллады	**217**
Ballad	218
In the Paradise of the Garden of Love	222
A Fairy Tale	228
Buried a Friend	234
Monica and Musician	238
A Rose and a Nightingale	242
Attic/Чердак	**247**
Attic	248
Чердак	250
Roses	252

Розы	253
Glance	254
Взгляд	256
Rebecca and the Knight	258
Ребекка	260
The Gnome, the Dragonfly, and I	264
Гном, Стрекоза и я	268
Clairvoyant	272
Гадалка	274
Please Don't Say	276
Нет, нет, не говори	280

My Lunar Friend/Мой лунный друг   283

My Lunar Friend	284
Мой лунный друг	285
Golden Light	286
Свет золотой	288
A Song	290
Песня	291
How Nice	292
Как хорошо	293

I would like to dedicate this work to Ethan Lewis:

'Ethan was an unusual human being: a combination of an amazing kindness and dedication to others and of stunning creativity, intelligence, and depth. His soul was deep and multilayered, but his manner and appearance were light and easy. His passage on earth was short but his accomplishments and his contribution to culture are immense. That his spirit will always be with us.'

FOREWORD

To daub the lemon juice of language on the invisible ink of sublimity—the Symbolist quest may be, quaintly, figuratively so defined. Yeats 'apercu, albeit mystical, posits literal materials, "colours and forms," by which to "entangle…Divine Essence."[1] Like the painters from whom she draws inspiration, Rosina Neginsky plies a vivid palette, deep hues balanced by achromatics:

Through the golden haze of the day

A claret-colored scream,

…..

Through the golden haze of the day

The silver silence rustles.

Over and again she endows what we do not think to see (a scream; silence; continually, the soul), with colors—correct colors, one feels after initial surprise. Neginsky injects conventional synaesthesia with wit. A claret scream is cast in relief against the compound tones of atmosphere and silence, on which the cry manifests. Notwithstanding our bedazzlement, the poet convinces us as well. Reason reinforces strangeness: a hallmark of the genuinely uncanny.

Your soul is shaped

Out of emeralds of talent.

…a soul made of amber.

A nugget of silver.

The arresting imagery in this volume, Neginsky counterpoints through fluid prosody.[2]

She may take shape "From the marble of creativity"—a bold claim, though verifiable (note her frequent coupling of abstraction with substance.) *We* are not permitted to turn "marble with too much conceiving,"[3] or to become paralyzed, for she resists "a poetic of stasis."[4]

The poet plies more rhyme and patterned repetition than in prior collections. Hence, the typically short (often one-word) lines that might otherwise stall, convert to steps for passing on and along:

   Mice,

   Mice,

   Mice

      Caper.

Torn wall paper.

Falling apart walls,

Keener subtleties in sound scheme (here, crossing "C*aper*/p*aper*/*apar*t" with "w*all*/F*all*ing/w*alls*") accentuate the flow.[5] Music has been visualized in terms of "forms cut out of time." And though Pater's codicil attaches to "All art," thanks largely to Mallarme, we link "approach[ing] the condition of music" with practitioners of Symbolism. Rosina Neginsky's frequent prosodic inventions, like her "open field" spatial manipulation of the page-plane [6] constitute what Yeats (again) called 'complex forms entangling Divine Essence.' More than (mere) vehicles, like bottles of blown glass filled with sand, *the verses appear refined from the material they convey.* This congruence of form and content is in one text allegorized:

> An empty vessel fills itself with love.
>
> In it love rustles, murmurs, seethes.

The vignette turns tragic:

> The vessel cracks.
>
> Through cracks love seeps.
>
> And, alas, nothing seeps in.[7]

Neginsky incessantly apotheosizes the Symbolist ideal of "death-in-life and life-in-death."[8] But that expression is relieved by whimsy, as in "Unloved":

> Bold red-haired
>
>   Sensual sensitive
>
>   Nicely boring
>
>   Satyr.
>
> Your lust is alien to me.
>
> Your soul bores me.

....

Sweet satyr!

Stop pestering me!

I do not love you a bit!

Elsewhere, since *What might have been is an abstraction Remaining a perpetual possibility Only in a world of speculation*[9],

Only in dreams

He caresses her

And reads Rimbaud in French.

And "How nice[ly]" that fictional donee accords with the real object of "his" affection:

How nice,

That she won't see him anymore

Under the Light of the Moon (2002) reads, plausibly, as a spiritual autobiography. This volume redirects its lyric mirrors upon us. That is, though self-reflecting—

I look into my poem,

And it, my line, my double

Comes out.

Refined, handsome, with a soul made of amber.

A nugget of silver.

—the works consistently—most consciously in the ekphrastic pieces triggered from unique reactions to de

Stael, Munch, Holbein—dramatize any *one's* perception: "I believe it is up to the reader to have his/her own emotions and associations. My interpretation is not that important. I am simply sharing it with you."[10] She might have qualified this comment—but 'tis the critic's task to refine; the artist has done quite enough. One might recast her words to focus on the nature of her importance, which entails *Modeling reaction for the auditor*, who brings "his/her own emotions and associations" to bear upon the canvas.

But what *all* mean we by "own"? "We stand before a beautiful painting," Eliot writes,

>and if we are sufficiently carried away, our feeling is a whole

>which is not, in a sense, our feeling, since the painting, which is

>an object independent of us, is quite as truly a constituent as our

>consciousness or our soul.[11]

"Everyone talks about the painting 'Scream'"; as "In the room the women come and go Talking of Michelangelo."[12] Yet what transpires in genuine perception? When the act compasses *being confronted* by the art-object, *denn sa ist keine Stelle, die dicht nicht sieht: Du muft dein Leben ändern* (for there is not the least Of parts but sees you. You must change your life.)[13] The *piece* invokes, "devours, seduces, smothers" the viewer, in no state, then, to merely "talk about" it.

And now I hear,

And now I see

"Scream."

Scream!

That most paradoxically abstract substance in contemporary poetry, technique, manifests as the measure of the artist's sincerity.[14] Rosina Neginsky reminds readers that we are also artists, for her works summon our *respons*ibility.

Ethan Lewis
University of Illinois
at Springfield

~ 15 ~

AMORE

A Dream

She whispers:

"Don't love me."

In response he embraced her
And read Rimbaud in French.
She came to him,
Face to face.

"Come for tea,"

Said she.

"Your company pleases me."

"I'll come," said his voice.

"I'm afraid," said his eyes.

She departed.
Remembered:
The pale conversation,
And without it,
No here or there.
Only in dreams
He caresses her
And reads Rimbaud in French.
How nice

That she won't see him anymore!

Сон

Она прошептала:

"Не любите меня".

В ответ в объятия он заключил ее

И по-французски запел Рембо.

Она подошла к нему.

Глаза к глазам:

"Приходите на чай", --

Сказала она.

"Мне ваша компания очень мила."

"Приду" -- говорит глас,

"Боюсь", -- говорит глаз.

Она отошла,

Вспомнила:

Разговор – тоска,

А без разговора --

Ни туда, ни сюда.

Только во сне он ласкает ее

И по-французски поет Рембо.

Как хорошо,

Что она больше не увидит его!

Love

Came galloping,
Waved,
Called,
And set you on its horse.

Burning, shining, promising,
It beckoned into illusion.
Everything began to move in you --
To dash headlong into illusion.

Love's horse is quick,
Love's steed rides hard,
Carries you too fast to hold on.

Thrown,
Your illusions shatter.
Love glowed red, excited,
And its beauty somehow vanished.

In a green mold of crimson passion
It covers you;
With the icy water of pain
It embraces you.

Любовь

На коне прискакала,

Рукой помахала,

Тебя к себе позвала,

И тебя, раз, с собой на коня.

Вся горит, светится, обещает,

Надеждой тебя обольщает.

Встрепенулась ты, пробудилась

Вся к иллюзии устремилась.

Ее конь скор,

Несет быстро,

Не за что ухватиться.

А когда ее тайны раскрылись,

Все иллюзии вмиг испарились.

Раскраснелась она, разыгралась,

Да краса ее растерялась.

Зеленой плесенью багровой страсти

Тебя заволакивает,

Айсберговой водой боли

Тебя окатывает.

~ 20 ~

Now you understand,
And passionately long to free yourself from Love's embraces.
Here it has relaxed its hold,
And spiked you with its dog-collar.
It squeezes its choker around your throat,
And repeats again and again:
"Remember, since I love you,
You are my slave.
I won't let you go, but
Will tie your hands with pity,
With passion shackle you
With habit inject you,
I flood you with lonely fear,
Teach you responsibility,
And drown you in words of love.
Should you turn away,
I will punish you with pangs of remorse,
Or avenge with torturous jealousy."

Everything in you struggles.
You need air, crave air—
Weak you are.
But It says:
"You will get used to it,
Love without air is just as fine."

~ 21 ~

Ты уже все понимаешь,

И страстно из ее объятий вырваться желаешь.

Тут она, раз, объятия облегчила,

Да ошейником тебя придушила.

Его вокруг горла зажимает,

Да приговаривает:

"Помни, раз люблю тебя,

Ты – моя раба.

Не выпущу я тебя.

Жалостью я тебе руки свяжу,

Страстью я тебя в кандалы закую,

Привычки подолью,

Страхом одиночества угощу,

К ответсвенности приучу,

И словами любви опою.

А отвернешься,

Угрызениями совести накажу,

Или мукой ревности отомщу".

В тебе все борьба.

Тебе воздуха, воздуха --

Ты слаба.

А она:

"Попривыкнешь,

Любовь и без воздуха хороша".

Unloved

Bold red-haired
   Sensual sensitive
      Nicely boring
         Satyr.

Your lust is alien to me.
Your soul bores me.
Nice satyr!
I don't love you at all!

I am in love with a grey wolf.
His lonely spirit,
Icy passion,
Enigmatic soul
Entice me.

Sweet satyr!
   Stop pestering me!
      I do not love you at all!

Нелюбовь

Лысый рыжий

    Чувственно-чувствительный

        Милый скучный

            Сатир.

Твоя похоть мне чужда!

Твоя душа мне скучна!

Милый сатир,

Я совсем не люблю тебя!

В серого волка я влюблена.

Его одинокий дух

И ледяная душа

Прельстили меня.

Его айсберговая страсть

Меня обволокла.

Разгадка его -

Жизнь моя.

Милый сатир!

    Перестань приставать ко мне.

        Я совсем не люблю тебя!

Vessel

An empty vessel fills itself with love.
In it love rustles, murmurs, seethes.
The vessel cracks.
Through cracks love seeps.
And, alas, nothing seeps in.

The vessel empties itself of love.
Love lost Eros
Not to reach Agape
And here, life ends.

Without wings I enter nether worlds,
Expecting the afterlife of a worm.

I come down to the doom of worms.

Пустой сосуд заполнился любовью

Пустой сосуд заполнился любовью.

Она в нем шуршит, журчит, бурлит.

Сосуд трещит.

Чрез трещины любовь из него вытекает,

И, увы, никуда не втекает.

Любовь из сосуда вытекла.

Жизнь прошла.

Любовь от эроса ушла,

А до Агапэ не дошла.

Бескрылым вхожу я «в никуда»!

Судьба червяка ожидает меня!

Беда!

Voice

His voice flowing, flowing, flowing –
Indifferently scintillate river.
It listens to itself.
The eyes of a woman are
                An excitement.
His voice is
      A looking-glass reflection.

The voice is flowing, flowing, flowing,
It is a cold, waterless river.

As a memory of the past,
The woman keeps her eyes open wide.
Once there was love,
But now...
An emptied vessel
Lying in the old coffin,
Under the gray tombstone
In the quiet of a country church yard...
Without dreams...
Without inspiration...
Silent forever.

His voice is flowing, flowing, flowing.
How dull is the water!
How shallow is the river!

Голос

Его голос течет, течет, течет --

Равнодушно искрящаяся река.

Он слушает себя.

Глаза женщины – возбуждение.

Его голос – зеркальное отражение.

Его голос течет, течет, течет --

Река холодная,

Река бездонная.

В память о прошлом

Женщина широко раскрывает глаза.

Когда-то была любовь,

А теперь...

Опустелый сосуд,

Который под плитами серыми

В тиши кладбища сельского

В старом гробу лежит...

Без мечты и без вдохновения...

Навеки молчит.

А голос его все течет, течет.

Как мутна вода!

Как мелка река!

I Sit in the Armchair

I sit in the armchair,

From my eyes fall burning drops of salt.

My eyes are reddened with pain,

There is no limit to the salt.

You are standing in front of me,

And your soul is turning to stone,

Becoming colder and nastier.

You like to watch

People cry,

How their souls tear apart.

Your talk is derisive and clear:

"Your tears drop vainly,

My heart is empty

Without any compassion.

You want tenderness, passion?

You want love and fire?

You make me laugh!

You want me to be born again?

Think, why do I need all this fuss?

I am happy without your warmth,

In the soft chair by the fire,

In the lightless room.

В мягком кресле

Ты сидишь в мягком кресле,

Из глаз твоих капают жгучие капли соли,

Глаза покраснели от боли,

Но нету предела соли.

Ты стоишь перед нею,

И душа твоя все каменнее, холоднее, злее.

Ты любишь смотреть,

Как плачут люди,

Как у них разрываются души.

Ты говоришь насмешливо и ясно:

"Твои слезы текут напрасно.

Мое сердце спокойно и безучастно.

Ты хочешь нежности, страсти?

Ты хочешь любви и огня?

Да ты просто смешна!

Ты хочешь, чтоб я снова родился или переродился?

Ну, подумай, к чему мне вся эта возня?

Мне хорошо без тепла,

Мне мягко сидеть у камина

В комнате, где нет огня.

Мне сладостна музыка сплина,

Ведь так усыпляет она.

~ 30 ~

I love the comfort of music and *spleen*.

I like closing my eyes

To fall into a void,

Where there is no trouble

And lots of deep sleep.

But you constantly want something!

Either you want passion or soul,

Or your heart beats with sadness,

Unknown to me.

You want me to answer,

You want to start a fire in me?

Ah drop it!

I am so happy without it!"

Мне нравится равнодушно,

Просто закрыв глаза,

Провалиться туда, в пусто,

Где нет беспокойства,

И где сладкий сон нежно ласкает меня.

А ты все чего-то хочешь!

То страсти тебе,

То души,

То сердце твое клокочет

От мне непонятной тоски.

Ты хочешь, чтоб я ответил,

Чтоб что-то зажглось во мне?!

Ах, да брось ты это!

Мне без этого так хорошо".

She Came Close to Him

She came close to him.

"Hug me," she said.

He jumped up,

Embracing her.

Eyes to eyes.

Lips to lips.

The embrace squeezes,

Her soul screams.

"Sleep, sleep, my dear child.

Why would you want to open your eyes?"

Только во сне

Она к нему подошла:

"Обнимите меня", --

Сказала она.

Он вскочил,

Ее талию обхватил.

Глаза к глазам,

Губы к губам.

Объятия сжимают,

Душа замирает.

"Спи, спи, детка моя,

Зачем тебе открывать глаза?"

MEXICO

Luxurious hotels with broken windows,
Transparent white and green water,
And kissing lovers...

        Men...

Мексика

Роскошные гостиницы с разбитыми стеклами,

Прозрачная бело-зеленая вода,

И целующиеся возлюбленные...

        Мужчины...

Dark Night

Dark night...

Boring streets...

Winter...

He and she

Once there was a dream,

Maybe love,

But now...

Burning solitude

Of dark streets;

The sense of duty,

Frustration

And the illusion of intimacy

Of lives merged in

Incongruencies.

Темная ночь

Темная ночь...

Скучные улицы...

Зима...

Он и она...

Когда-то была мечта,

Может быть, любовь...

А теперь...

Чувство долга,

Раздражение,

Обжигающие одиночество

     темных улиц

И иллюзия близости

От слившихся

В своей несливаемости жизней.

Grey Road

Grey road,
Skies in the dust,
My red horse gallops
To the love *rendez-vous*.

For the horse
It's exercise.
For me
It's grief.
We only waste time,
My horse and me.

Серая дорога

Серая дорога,
Небеса в пыли,
Мчится конь мой красный
В предчувствии любви.

Для коня – прогулка,
Для меня – беда.
Время лишь теряем,
Мой конь да я.

Lovers

Mice,

Mice,

Mice

    Scurry...

Torn wallpaper,

Crumbling walls,

Grey dusty dirt,

Mattress snow-like.

The lovers are naked,

Their eyes wide open.

Frozen by love

In each other's embrace,

They sleep,

Sleep with a deadly, eternal sleep,

The sleep of an endless love.

On the floor,

Around,

Mice scurry.

Любовники

Мыши,

Мыши,

Мыши

    Возятся.

Ободранные обои,

Обвалившиеся стены,

Серая пыльная грязь.

Матрас,

Простыни

    белоснежные...

Возлюбленные...

    Они наги,

    Их глаза широки,

    Замороженные любовью

    Они в объятиях друг друга лежат,

    Спят,

    Спят мертвым и вечным сном,

    Сном бесконечной любви.

А на полу,

Вокруг,

Возятся мыши.

He and She

Bright streets in pale colors

Paris...

Café Espérance

Paris...

Words,

    But not the right ones...

Grief...

Silence...

Tear...

The soul heaves...

He and she again...

Streets in pastels once more...

Words once more...

    Not the right ones...

Between them a river,

Their fate,

A mortared fortress

Engulfed by a moat,

Without bridge, without bottom.

He and she...

Он и она

Яркие улицы в блеклых тонах...

Париж...

Café Espérance...

Париж...

Слова,

    Но

        Не те...

Беда...

Тишина...

Слеза...

Рыдает душа...

Опять он и она...

Опять улицы в блеклых тонах,

Опять слова...

    Но

        Не те...

Между ними река,

Их судьба,

Крепость,

Обнесенная рвом,

Без моста и без дна...

Он и она...

Liubov'

You're a mermaid
With a black braid.
Your soul is shaped
Out of emeralds of talent.
Creativity fills you.
Logos is your life.
Your refuge is the ocean of eternity.

Your soul turned into my soul.
Your eyes turned into my eyes.
We merged into one I.
You understood me.
I sensed you.

I am a mermaid
With a dark-blond braid.
I'm bottomless and always alone.
Your soul breathed life into me.
Logos began to bloom in me
To lead me to eternity.

Любовь

Ты – русалка

С черной косой.

Твоя душа выточена

Из изумрудов таланта.

Творчество наполняет тебя,

Логос – жизнь твоя.

Пристанище твое – океан вечности.

Душа к душе,

Глаза к глазам.

Мы слились в одно «Я»..

Ты меня поняла,

Я тебя ощутила.

Я – русалка

С темно-русой косой.

Я – бездонна

И всегда одна.

Твоя душа

Вдохнула жизнь в меня.

Логос расцвел во мне,

Он в вечность ведет меня.

Two Knights

In the tumult of the wind,

In the whirlwind of passion,

In the fresh spirit of a stormy day,

Two knights
        fine,

        tall,

        handsome

Faster than wind,

        tempest,

        fire

Rush...

Rush toward death.

Their faces are invisible,

They both wear helmets.

They both wear shirts of mail.

By cold,

    heat,

    pouring rain,

    wind,

    pale rainbow of the passing day

They are pursued.

Два всадника

Под шумом ветра,

Под вихрем страсти,

Под жемчугом свежести

        мрачного дня

Два всадника

        тонких

        высоких

        прекрасных

Быстрее ветра,

    бури,

        огня

Несутся...

    Несутся к смерти.

Не видно их лиц.

Они оба в шлемах.

В кольчуги залатаны их тела.

Холодом

    жаром,

    ливнем,

    ветром,

    блеклой радугой

        уходящего дня

        гонимы они.

~ 48 ~

Two knights
>fine,
>tall,

handsome...

They are wounded,
>>wounded
>>by passion's spear,
>>The fatal arrow,
>>Their death.

~ 49 ~

Два всадника

       тонких,

       высоких,

       прекрасных...

В них попало,

    попало

        копье страсти,

           их роковая стрела.

~ 50 ~

BIRTH/ Рождение

Birth

I am unable to say a word.

But there's an explosion inside,

There's a rupture inside.

My scales owe thick armor,

It does not let me through.

With my claret-colored will

I break the armor scales,

Crawl from beneath

And pull out --

Powerful, with a tough hand,

Out of my soul,

Pulling out with a word

The howling of my soul.

I enter life.

Survive.

Рождение

Я не могу писать,

Я не могу ни слова сказать.

А внутри взрыв,

Внутри разрыв.

Но чешуя-броня толста

Не пропускает она меня.

Волей своей бордовой

Я чешую-броню разрываю,

Из-под брони вылезаю

И из души своей

Я словом вопль души вырываю.

Я в жизнь выхожу.

Выживаю.

Fire

Within me

fire lives,

Fire burns,

Fire burns everything down.

Fire glows.

Fire blazes.

Black ashes surround

Fire within surrounded

Black ash.

Without,

Sound soundless,

My soul screams.

Its chord incinerated.

Огонь

Во мне живет огонь,

Огонь, который жжет

И все сжигает.

Огонь горит, пылает.

Лишь черный пепел

Теперь его окружает.

Беззвучно кричит душа,

Сгорела ее струна.

Absent Creativity

Dryly.

Beat after beat

Heard within you without

                response.

You whisper severely:

"You must,"

But he, your I, lies idly by,

Yells:

"I don't want to; I don't have to."

Cold,

Sky without twinkling stars,

      Endless dark monolith

           Gloomily monotone.

He, your I, with an idle half-open right eye,

Winks:

"Create and darkness dissipates.

You will again see the light of the sky

Radiant with stars."

But the feeling is squeezed—

Walled in.

The soul, a dried up caterpillar,

Emits a deep sound

Без творчества

Сухо.

Удар за ударом

Безответно звучит в тебе,

Ты говоришь себе строго:

«Должна»,

Но оно, твое я,

Лениво полеживая,

Кричит:

«Не хочу, значит, не должно я».

Холод.

Небо без мерцающих звезд,

Черный туннель

        Без конца

                Мрачно однообразен.

Оно, твое я,

Лениво приоткрыв правый глаз,

Моргнуло:

"Твори, уйдет темнота.

Ты снова увидишь свет

Звездного неба".

Но чувство сжато --

Броневая стена.

Душа, засушенная гусеница,

~ 58 ~

Издает глубокий звук

Of emaciated silence.

Absent creativity...

~ 59 ~

Истощающего молчания.

Без творчества...

Silence

I squeeze myself

And out comes

        Silence.

Dry,

Wet,

Grey,

Earthly,

Deaf,

Burning with ice.

In my head --

        Vacuum, emptiness.

In my soul --

        An eloquent word

Illuminates me with grey light.

I see it,

I hear it,

I squeeze myself,

And give birth to silence

        Deadly,

        Lasting,

        Constant,

        Without beginning or end.

Молчание

Я жму на себя

И выжимаю

        Молчание.

Сухое,

Сырое,

Серое,

Земное,

Глухое,

Льдом обжигающее.

В голове --

        вакуум, пустота,

А в душе --

        красноречивое слово мое

Серым светом озаряет меня оно.

Я вижу его,

Я слышу его,

Я жму на себя

И рождаю

        роковое,

        длинное,

        долгое,

        без начала и без конца

Молчание.

Red Cliffs

Red cliffs

Frame a dark blue sea.

Multicolored fish play with the sea.

The sea invites me to its world.

It drowned my estate.

It flooded my fate.

They lay at the bottom of the blue-red sea.

At night they visit me.

At night they remind me.

The sea rustles.

My plume scribbles, scribbles.

It dips to the bottom to raise my estate,

To restore my fate.

Красные скалы

Красные скалы

Темно-синее море

Обрамляют.

Многоцветные рыбы

С морем играют.

Меня море в свой мир зазывает.

Потонула в море усадьба моя.

Потонула в нем моя судьба.

На дне сине-красного моря лежат они.

Ночами они меня посещают.

Ночами они мне о себе напоминают.

Море шуршит,

А перо мое строчит,

Строчит.

Оно усадьбу со дна поднимает.

Оно мне судьбу мою возвращает.

Music

Tender violin sounds

Layer themselves

On the flat hard

Bunk of the gut.

Tender violin sounds

In a piano duet

Pour elements in the gut,

Turn it into fresh moss.

Tender violin sounds

Curse,

Caress,

Turning the gut into a living soul.

Tender violin sounds

Howl prayers to God,

Awakening the soul of God.

In a wild wolf.

Tender violin sounds...

Живая душа

Звуки нежные скрипки

Пластами ложатся

На плоско-жесткие

Нары нутра.

Звуки нежные скрипки

С фортепиано в дуэте

Стихию вливают в нутро,

Нары его в свежий мох обращая.

Звуки нежные скрипки

Проклинают,

Ласкают,

В душу живую нутро обращают.

Звуки нежные скрипки

Богу хвалу запевают,

И в диком волке

Человека с Божьей душой пробуждают.

Ghosts are Her Friends

Ghosts are her friends.

She immerses her world in them,

And she dissolves theirs into hers.

Holding the mirror in front of her,

She sees herself.

The mirror reflects her poems, the pearls of creativity.

The ghosts come out of them,

Her friends,

And I.

Призраки – ее друзья

Призраки – ее друзья.

Свой мир она в них погружает

И их в своем растворяет.

Зеркало перед собой держит она.

В нем видит она себя.

Зеркало -- жемчужину творчества --

Стихи ее отражает.

Из них выходят призраки,

Ее друзья,

И я.

My Double

I cast a glance into the mirror

And I see my reflection,

Her.

She by loving love

Loves my image, born in her.

The grain of love for her

She sows in me.

I look into my poem,

And it, my line, my double

Comes out.

Refined, handsome, with a soul of amber.

A nugget of silver.

She and me.

Мой двойник

Я в зеркало взглянул
И в нем увидел отраженье мое,
Ее.
Она, любовь любя,
Рожденный в себе
Образ мой полюбила,
И семя любви к душе своей
Во мне заронила.

Я взглянул в мой стих,
И из него вышел он, мой штрих,
Мой двойник!
Тонок, красив с душой из янтаря.
Сгусток серебра!

Это она и я!

A Poet and a Crowd

To E.E.

A poet began to yell,

A poet began to read his doggerel.

Convinced his voice charmed the crowd,

And his verses heralded universal truths.

A poet began to yell,

A poet began to read his doggerel,

And the crowd lifted him with praise.

A crowd is deaf.

A crowd is blind.

It believes in everything

That hearsay curses and glorifies.

But it can create such beautiful fame!

If we, the poets, would like to outlive ourselves,

Perhaps we need a hearsay and a crowd.

Поэт и толпа

Е.Е.

Поэт закричал,

Поэт вирши свои зачитал.

Он верит,

Что голос его чарует толпу,

А стихи – правду-матку гласят.

Поэт закричал,

Поэт вирши свои зачитал.

Толпа на руках понесла его.

Толпа глуха,

Толпа слепа.

Она верит во все,

Что прославляет и проклинает молва.

Но как славу умеет создатъ она!

Если мы, поэты, хотим пережить себя,

Нам, вероятно, нужна молва и толпа.

Variations on the theme of the *Island at War*

Through the golden haze of the day

A claret-colored scream,

A scream for help,

Rang out.

A black and white curtain,

A soul's curtain

Tore through,

And a blue hand,

The hand of a friend, a corpse, an enemy,

Wounded with the arrow for his loss,

Offered its help.

It resurrected a mother,

It resuscitated her son.

Through the golden haze of the day

The silver silence rustles.

Spring sets in.

Вариации на тему *Island at War*

Через золотистую дымку дня

Бордовый крик,

Крик о помощи раздался.

Занавес черно-белый,

Занавес души

Прорвался,

И рука синяя,

Рука друга - трупа – врага

Раненого стрелой потерь своих

Помощь кричащему подала.

Она матери жизнь возвратила.

Она сына ее оживила.

Через золотистую дымку дня

Лишь шуршит серебристая тишина.

Наступила весна.

Creativity

The pale skin of a young girl is white stone.

The living stone speaks

                through me.

I am Pieta,

Death and love.

I am Bacchus,

Joy and pain.

I am Songs of the Earth,

Singing of ephemeral Life

And eternal Art.

From the marble of creativity

God shaped me,

Flow into His,

Flow together with His.

Творчество

Белый камень --

Бледная кожа девушки.

Камень живой.

Он говорит мною.

Я – Pietà,

Смерть и любовь.

Я – Bacchus,

Веселье и боль.

Я – Песни земли.

Они о жизни поют,

О том, что мгновенье она,

И что лишь только искусство вечно.

Они – это я.

Из мрамора творчества

Вылепил Он меня,

Чтоб мой голос

Слился с Его.

Morning Dew

The freshness of the morning dew,

Iridescent with diamonds of the night rain;

Faded yellow sun,

Blue azure,

And words.

Motley words –

That's the poem,

Life

And I.

Свежесть утренней росы

Свежесть утренней росы

брильянтами от ночного дождя переливающейся,

Блекло желтое солнце,

Голубая лазурь

И слова,

Пестрые слова --

Это поэма,

    жизнь

        и я.

Yearning /Тоска

Mrs. Dalloway

There is endlessly something
That strolls over the soul,
And the soul is not itself.

A wind passing through without a smile
Leaves her in a state of dismay.
A word loudly pronounced
Scratches the thin skin of her spirit.
The pain and scream of a stranger's soul
Finds an answer in her
As a silent sigh of
Familiar melodies.

Her outside world is
      Beautiful,
      beautiful.
But inside...
      Without rhythm,
      Without harmony...

Mrs. Dalloway...
      I

Mrs. Dalloway

Все время что-то
        прогуливается по душе,
И душе все время
        как-то не по себе.

Промчавшийся и неулыбнувшейся ей ветерок

Оставляет ее в состоянии растерянности.

Громко произнесенное слово

Царапает ее утонченный слух.

Боль и крик чужой души

Откликаются в ней

Молчаливой болью

Знакомых ей мелодий.

Ее внешний мир --
        прекрасен,
        прекрасен.

А внутри...
        Без ритма
        И вне гармонии.

Mrs. Dalloway...
        Я

Naked Heart

The soul's shell, where the heart is hidden, cracked.

The heart fell from the soul.

It was picked up

And presented on a big golden tray in the drawing room.

Ever since, everyone

Who passes by,

Taps it with his cane,

On occasion scratches it with his fingernails,

And when too hungry with nothing to eat,

Cuts pieces of flesh from it.

Soon nothing will remain.

Оголенное сердце

У сердца, спрятанного в футляре души,

Сломался футляр,

И оно выпало из души.

Его подобрали

И положили на большом позолоченном подносе

В гостиной.

С тех пор, все, кому ни лень,

Проходят мимо,

Постукивают по нему своими и чужими тросточками,

При случае царапают ногтями,

А когда очень голодно и нечем поживиться,

Отрезают от него по кусочку мяса.

Скоро от него ничего не останется.

Without Curiosity

Axis of crossed glances,

Nearness of bodies,

A dead calm of

Dry silence.

The beautiful masculine arm

Hugging...

    Whom?

        Not me.

The hand is in love...

    With whom?

        The computer-robot.

Without glances...

Just searing nearness of flesh.

The living soul is buried,

    Without life,

    Without curiosity.

The computer-robot,

The vampire,

Has swallowed him and me.

Без любопытства

Оси пересекающихся взглядов

И близость тел...

Мертвая тишина

Слухового молчания.

Красивая мужественная рука...

Обнимает...

        Кого?

        Не меня...

Рука влюблена...

        В кого?

        В компьюторный робот.

Без взглядов...

Лишь обжигающая близость тел.

Живая душа погребена...

        Без жизни...

        Без любопытства...

Человек-робот.

Fortress

My soul moans, moans -

Ugliness stretches it on the rack.

My soul hurts, hurts -

Somebody's magnetic field, not the right one,

Devours it.

Ah, soul, why are you so tender?

Close your gates,

And weave from your fabric

A fortress as tall as the towers of St. Geminiano!

My life then will not be a struggle,

At times, a useless pain,

When the aura of others, of strangers,

Penetrates your cracks,

And devours me.

Ah, soul, soul,

You make me so fragile!

Stuff up the cracks at once!

Build up a fortress!

And on each tower

Station a watch guard.

The fortress will save you,

And perhaps me too!

Разговор с душой

Моя душа кричит,
                кричит.

Уродство ее истязает.

Моя душа болит,
                болит.

Чужое магнитное поле

Ее поедает.

Ах, душа, почему ты так нежна?

Закрой ворота свои

И крепость высотой с башни St Geminiano

Из ткани своей построй!

Моя жизнь тогда

Не будет такой борьбой,

В которой никчемная боль,

И магнитное поле других, чужих,

В щели твои проникает

И меня пожирает.

Душа, душа, из-за тебя я так хрупка!

Щели заткни поскорей!

Крепость построй!

И на каждой башне крепостной

Надзорные вышки построй!
Авось, крепость спасет тебя,
А с тобой и меня!

Yearning

It doesn't burn and doesn't strangle,
But it is always here:
Colorless, elusive, empty.
Occasionally it dozes,
But its sleep never lasts for long:
It's light and keen.

The fragrance of morning flowers,
A changing wind,
The brightness of daylight,
The beckoning pallor of the sky moving toward evening
Cast over the distant memory
Of some other life:
They awaken it.

And it again does not burn,
And again it does not hurt,
But somehow it's agonizingly uncomfortable,
As if someone
Accidentally and clumsily
Fastened together unmatching parts
Of your fractured soul.

Тоска

Она не жжет и не душит,

Но она всегда здесь:

Бесцветная неуловимая пустая.

Она иногда засыпает,

Но сон ее долго не длится:

Он легок и чуток.

Аромат утренних цветов,

Переменившийся ветер,

Яркость дневного света,

Манящая бледность уходящего в вечер неба,

Навевают далекое воспоминание

Какой-то иной жизни

Пробуждают ее.

И она снова не жжет,

И снова не больно.

Но как-то мучительно нехорошо,

Будто бы кто-то,

Невзначай и неловко,

Скрепил нескреплямые части

Твоей расколовшейся души.

Juggler / Жонглер

Juggler

To Nicolas de Stael

The juggler juggles.

We are in the Seventh:

Dufy,

Verny,

Maillol.

Colors, lines, strokes!

Soul!

The juggler juggles.

We are in the second.

Gray and green,

Abstract and blue.

Russian, young,

Steely,

Infinite, eternal

And forever

Done in by his own hand.

The juggler juggles.

We are in the Sixth.

An apartment.

One lives in it without living.

A terrace.

Scents of the flowing Seine.

Жонглер

>Н. де Сталь

Жонглер жонглирует.

Седьмой:

Дюфи,

Верни,

Майоль.

Цвета, штрихи, мазки!

Душа!

Жонглер жонглирует.

Второй:

Серо-зеленый,

Абстрактно-голубоватый,

Бесконечно-вечный

И навеки ушедший

Своей рукой;

Русский молодой.

Серо-голубой.

>Стальной!

Жонглер жонглирует.

Шестой:

Квартира.

В ней живут, не живя.

Терраса.

Аромат текущей Сены.

~ 94 ~

Streets gray and green,
And blue and green,
And regret,
Over what was told.

The Juggler tires,
Looks into the distance to see
Bus 21 driving me away.

The juggler not juggling.
He falls.
Crowds amble by
Unnoticing.

He's nobody.
But for me, he is me,
My soul.

Серо-зеленые улицы,
И голубовато-зеленое
Сожаление...
           от сказанного.

Жонглер устал.
Он смотрит вдаль на то,
Как 21 автобус увозит
Меня от него.

Жонглер не жонглирует.
Он упал.
Толпы гуляк проходят мимо,
Не замечая его.
Он-- никто.
Но для меня он – это я,
           моя душа.

Golem

That strange icy glance,
A glance from the infinite worlds
Pierces me with its point.

That dreadful icy glance
Speaks to me about me.
Puppets jump out of its eye-slits
And the endless generations of us
Perform in front.

Someone's distant soul,
Ambitious
    God - rebel
    Searching for eternity on earth
    Settles in me.

That cold and strange glance
Told me about my double.
He summons on me,
He knocks at my soul.
I am infinitely afraid of him,
And madly desire him.

He believes
    I'm his saving light,

Голем

Этот странный

холодный взгляд,

Взгляд бесконечных миров

Стрелой пронзает меня.

Этот странный холодный взгляд

Мне говорит обо мне.

Куклы выскочили из щелей глаз

И запрыгали бесконечные клоны нас.

Чья-то далекая душа

Честолюбьем людским полна,

Против Бога восстав,

Вечность ища на земле,

Поселилась во мне.

Этот взгляд, странный холодный,

Мне рассказал о моем двойнике.

Он взывает ко мне,

Он стучится в душу мою.

Я его бесконечно боюсь

И еще сильнее хочу

Его в душу свою впустить.

Он верит,

Что я – сила его,

~ 98 ~

The blend of our souls,

  That lunar ray,

  Will offer us a peace

And illuminate our way.

~ 99 ~

И что смесь наших душ --

Тот лунный луч,

Что подарит покой

И осветит наш путь.

Holbein's Christ

Every time when I call on him,

On Holbein's Christ,

I freeze.

In a scrap heap

In an oak frame,

Medieval

Lies my Christ.

He is pale like death,

And handsome God-like.

He breathes!

He is asleep!

Rumors tell that

At midday, he will be resurrected,

At midnight he turns his soul into Nostradamus,

And at daybreak,

He falls asleep.

Every night he dreams of Christ,

Holbein's, the dead one.

No soul could ever

believe in a Christ-like his.

Гольбейновский Христос

Каждый раз,

Как я захожу к нему,

К Гольбейновскому Христу,

Я замираю.

В свалке,

Средневековой

Дубовой

Мой Христос лежит.

Он бледен, как смерть

И очень красив.

Он дышит!

Он спит!

Мне рассказали, что

В полдень он воскресает,

В полночь он в Нострадамуса

Свою душу обращает,

А на рассвете он засыпает.

Во сне он видит Христа,

Христа мертвого навсегда.

В такого Христа

Никогда не поверит душа!

Myshkin,

    Rogozhin,

        And I

    – We three –

We're aware of this.

Мы знаем это втроем:

    Мышкин,

    Рогожин

    И я.

Monk

To the rhythm

Of water dripping from the kitchen faucet

My heart beats…

I can't sleep…

I am walking through long corridors

Of Roman villas.

I come to the monastery on the Piazza Venezia.

A monk

In a library old as centuries

Waits for me.

Volumes of ancient books blind me.

To the rhythm

Of water dripping from the kitchen faucet

My heart beats.

The train,

Paris,

Christmas streets

Of dead venerable Rome;

Unfertile winter fields of Avignon,

A fireplace,

A poker…

A monk…

The monk lies deep in a well.

Монах

Под ритм капающей из кухонного крана
          воды

Мое сердце стучит,

Не спится мне.

Через длинные коридоры римских замков
          прохожу я.

В монастырь недалеко от Piazza Venezia

Вхожу я.

Монах в многовековой библиотеке ожидает
          меня,

Тома древних книг

Ослепляют меня.

Под ритм капающей из кухонного крана
          воды

Мое сердце стучит.

Поезд,

Париж,

Рождественские улицы
       древнего мертвого Рима,

Бесплодные авиньенские зимние поля,

Камин,

Кочерга...

Монах...

Монах в колодце лежит.

I open my eyes…

A monk shows me books old as centuries.

To the rhythm

Of water dripping from the kitchen faucet

My heart beats.

Monk!

Hurry up!

I'm passing away.

But before I die,

I want you to confess to me.

Я открываю глаза...

Монах мне показывает многовековые тома.

Под ритм капающей из кухонного крана
                                                       воды

Мое сердце стучит.

Монах!

Поспеши!

Я отхожу.

Пока я жива,

Твою исповедь хочу услышать я!

Priest

Silence.

A saint,

Standing between Cathar castles,

With passion he kisses my hands.

Silence.

A saint,

We walk in the mountainous valley.

Sun hits, burns.

Stone pitilessly mirrors

Burns of village lifeless houses.

Our shelter is a temple,

Peaceful, beautiful, cold.

Here for eight centuries already

The priests from the parvis have been calling us

                                        To follow Christ.

Saint.

He kneels,

His burning gaze faces his God, Christ.

Silence!

Frescos,

XIII century,

Twelve stations of Christ.

Священник

Покой.

Он – святой,

Между замков катаров стоит

И мне руки страстно целует.

Покой.

Он – святой.

Мы в долине горной гуляем.

Солнце бьет, обжигает.

Камень деревенских

Мертвых домов

Ожоги солнца безжалостно отражает.

Наше пристанище – храм,

Тихий прекрасный холодный.

В нем вот уже восемь веков

Священники с паперти нас зовут идти за
                                        Христом.

Святой,

Он на коленях в храме стоит.

Он свой горящий взгляд к Христу обращает.

Фрески,

XIII век,

Все двенадцать остановок Христа.

Художник, как прекрасна работа твоя!

Artist, how perfect your work!

I don't need to know anything,

I don't need to know how to read:

It is Christ's story

Your frescos speak to me.

It's been already eight centuries

In this church the bells ring.

It's been already eight centuries,

In this church priests call to follow Christ.

I don't need to know anything,

I don't need to know how to read.

Artist,

It is about Christ,

God of the world,

Your frescos tell me.

To follow Christ, handsome and merciful,

Your frescos call me.

For eight centuries already

Priests have been lying to us.

They've hidden

That Jesus and His apostles –

They were all Jews.

~ 111 ~

Мне не нужно ничего знать,

Мне не нужно уметь читать!

О Христе и жизни его

Говорят мне фрески твои.

Вот уже восемь веков

В этой церкви звенит колокол.

Вот уже восемь веков

В этой церкви священник зовет нас идти за
                                                    Христом.

Мне не нужно ничего знать.

Мне не нужно уметь читать.

О Христе,

Боге мира,

Вторят мне фрески твои.

За Христом,

Богом мира,

Священник влечет меня.

Вот уже семнадцать веков

Как священник нам лжет.

Он скрывает от нас,

Что Христос и вся свита его были евреи.

Вот уже восемь веков,

Как здесь топчут евреев,

For eight centuries already

Jews have been trampled in this church.

Yet these priests have called us to follow Christ --

the Jew –

our God.

Peace.

Falling to his knees,

My saint kisses my feet.

He serves Christ,

He gives Him his life,

But he worships only me!

И зовут за Христом,

                За евреем.

Покой.

Колени обняв,

Мой святой ноги целует мне.

Он служит Христу,

Он жизнь отдает ему,

А молится он только мне!

The Scream

To Edward Munch

Everyone talks about the painting

"The Scream."

Scream,

Scream.

But I don't see,

I don't hear

The "Scream."

Scream.

I see The "Madonna."

I hear her voice,

A calling, passionate

Voice,

A Vampire voice.

On her head, a red bandage – passion.

In her glance – lust.

White body – fire of desires.

I see the Madonna,

I hear her voice,

A calling, passionate

Voice,

A Vampire voice.

Крик

Э.М.

Все говорят о картине

"Крик".

Крик,

Крик.

А я не вижу,

Я не слышу

Крик.

Я вижу "Мадонну".

Я слышу голос ее,

Зовущий страстный

Голос,

Голос вампира.

На голове

Красная повязка – страсть.

Взгляд – похоть,

Тело – огонь желаний.

Я вижу Мадонну,

Я слышу голос ее,

Зовущий страстный

Голос,

Голос вампира.

She devours me,

She seduces him,

She smothers humanity's sigh.

And now I hear,

And now I see

The "Scream."

Scream!

Она поглотила меня,

Она обольстила его,

Она придушила вздох

Человечества.

И теперь

Я слышу,

Я вижу

"Крик".

Крик!

Salome

The window's a stage.

Dolls are moving in the fog.

With wine-filled goblets in their hands,

Puppets dance the Minuet

To the music of Handel.

Sipping the wine of curiosity—

I look at them

The window stage opens

And a beautiful lady

Dressed in jewels

Flies out of it.

"My friend," she whispers to me,

"I am in love with you.

Would you dance the Minuet with me?

By the way,

My name's Salome."

I embraced Her.

She was naked and lovely.

Together we started

The rhythmical dance.

"I know,

You write about me,"

She said.

Саломея

Сцена – окно.

Куклы движутся в тумане

Под музыку Генделя,

Менуэт вином запивая.

Я на них смотрю

И вино любопытства пью.

Окно-сцена проломилось,

И прекрасная дама,

В ожерельях вся

Вылетела из окна.

"Мой друг", --

Мне шепнула она.

"Я в вас влюблена

И вас Менуэт со мной

Танцевать приглашаю.

Саломея я" --

Невзначай бросила она.

Я обнял ее.

Она была нага, хороша,

И в танце ритмичном

Вдвоем закружились мы.

"Once in the castle of Herod

I was a twelve year old princess

And I did not know

How to dance at all.

For two thousand years

I've been everything:

The beautiful whore

In Gustave Moreau's work—

I am dancing with you now

Her dance

In her costume.

I was the Princess Salome,

Who the other guy,

Whose name begins with M. too

I think Mallarmé --

Named Hérodiade.

He dressed me in jewels

And told me I was his self-portrait!

That one whose name begins with an M.

Copied John the Baptist from Moreau.

Moreau severed the Baptist's head,

Painted himself as the Baptist,

Suspended his head in the air

And blamed it all on me!

"Я знаю,

Вы пишете обо мне", -

Прошептала она.

"Когда-то в замке Ирода

Я принцессой была.

Мне было двенадцать лет,

И танцевать совсем не умела я.

За 2000 лет кем только я ни была?

Прекрасная проститутка

С картины Густава Моро,

В костюме которой

С вами сейчас танцую я.

Принцесса, которую другой,

Тоже на М.,

Кажется Малларме,

Иродиадой назвал,

В ожерелье одел

И своим портретом признал.

Иоанна Крестителя этот на М.

Списал с Моро:

Тот Крестителю голову отрубил

И себя Крестителем вообразил.

There was also Flaubert.

In his story I'm truly young.

Imagine, he made me dance upside-down.

As a child he saw me in Rouen,

Shaped from stone:

My head down,

My legs above,

Flaubert reproduced this image.

But it wasn't me at all.

How could I, at 1,200 years old stand on my head?

The sculptors who put me on my head

Stole me from Herrad de Landsberg,

The learned nun.

She copied me from Isis,

The one who gave a second life to Osiris.

Isis was a good dancer.

She arched her body like a bridge

And danced on her hands

The dance of life.

But it wasn't me.

Today I'm two thousand years old.

I'm ancient.

For some reason however,

They still force me to dance,

The Dance of Seven Veils.

Голову он, висящей в воздухе, изобразил,

Ореолом ее окружил

И меня обвинил.

Был тоже Флобер.

У него я совсем юна.

Представьте себе,

На голове танцую я!

В Руане он видел меня.

Там из камня вылеплена я:

Голова вниз,

Ноги вверх!

Но то совем не я!

Разве в 1200 лет

На голове могла бы стоять я?!

Те, кто на голову поставили меня,

У Herod de Lansberg,

Ученой монашки,

Украли меня.

А она срисовала меня с Изиз,

С той, что Озирису жизнь дала.

Изиз большой танцовщицей была!

Мостиком и на голове

В танце жизни стояла она.

My friend, I ask you

Who haven't I been?"

Sounds of the Minuet.

The window's a stage.

Puppet-people drink wine.

The window closed.

The door opened.

I am waiting,

Sure She is about to come out.

A fat woman falls out of the castle.

But She?!

Surely this is her castle.

A woman yells,

Her husband hisses,

The car honks,

And I…

I am still dancing the Minuet with Her,

With a divine woman,

Two thousand years old.

I hear her whisper,

"My friend, I beg you, rescue me."

And it seems to me that she understood it all.

She blessed me to unravel

The eternal enigma of this mysterious life.

Сегодня мне 2000 лет.

Я очень стара.

Но танец семи вуалей все еще танцую я!

Мой друг,

Кем только я ни была!

Мой друг,

Спасите меня!"

Звуки Менуэта,

Сцена-окно,

Куклы – люди пьют вино.

Окно затворилось,

Дверь отворилась...

А я жду...

Вот-вот выйдет она.

Тут толстая баба

Вывалилась из дворца...

А Она?!

Ведь это замок Ее!

Баба шипит,

Муж ее кричит,

Машина гудит...

А я...

Я все еще Менуэт танцую

                      С Ней,

С прекрасной женщиной,

Двух тысячи лет.

"Мой друг,

Спасите меня!" --

Все еще шепчет она.

И кажется мне,

Что она все поняла

И на разгадку вечной загадки

Благославила меня.

Beata Beatrix

Red-haired,

Dead,

Fiery

    Madonna,

    Beatrice,

    Liz.

I stand in the hall,

I'm looking at her:

She is magenta,

Green,

Clad in passion and hope.

Head of red hair,

Scarlet mouth

    Filled with life.

They belong to the earth.

Ashen-faced,

Closed- half eyes --

Her soul is tired.

Passion's moved away.

She's passing into the peaceful world

Of vanished reveries.

She flees from Rossetti.

He is the earth,

Beata Beatrix

Рыжая

Мертвая

Огненная

        Мадонна,

        Beatrice,

        Liz.

Я в зале стою

И на нее смотрю:

Бордовая,

Зеленая,

В страсть и надежду одетая.

Рыжая шевелюра,

Красный рот

        Жизни полны,

        Земле принадлежат они.

Пепельный цвет лица,

Прикрытые глаза --

Душа устала,

Страсть отошла,

И в мир тихий,

Ушедших грез

Переходит она,

От Розетти бежит.

Он – земля,

>   Red-colored passion,
>   Grief.

Dante's an alien soul.

She does not like his song.

She knows

>   Her soul is unknowable,
>
>   And foreign to him.
>
>   He is a weeping wind
>
>   Singing about her
>
>   For his own sake.

Beata Beatrix,

Liz

Is stepping into eternity,

Breathing in freedom,

While she hears

Liberty calling her "sister."

~ 131 ~

Рыжая страсть,
                Беда.

Данте – чужая душа.

Его песен не любит она.

Душа ее ему неизвестна,

И знает она – чужда.

Он – завывающий ветер,

Поющей о ней для себя.

Beata-Beatix, Liz

В вечность вступает,

Свободу вдыхает

И слышит она,

Как свобода ее сестрой называет.

Encounters /Встречи

Borges

In a quiet street,

In Paris,

Across from Oliver B.

   Waves of sounds

   From "The Utopia of a Tired Man"

   Resound in me.

"You are reading Borges!

C'est beau."

I heard the voice

Coming out of a wave.

The Voice...

Boldini?

Robert de Montesquiou?

A graceful mustache,

Manners carelessly refined.

No, no...

Maupassant.

A mustache,

A slightly insolent gaze,

Unceremoniousness of negligent manners.

"Yes, I am reading Borges.

For you he's not yet born,

For me he's already dead.

Борхес

На тихой улице

В Париже,

В кафе,

Напротив Olivier B.

Волны звуков

"Утопии утомленного человека"

Раздавались во мне.

"Вы читаете Боргеза!

C'est beau".

Услышал я голос,

Вышедший из волны.

Голос...

Boldini?

Robert de Montesquieu?

Изящные усики,

Утонченность небрежных манер.

Нет, нет...

Мопассан.

Усики,

Слегка наглый взгляд,

Фамильярность небрежных манер.

"Да, я читаю Борхеса.

The plane of his imagination

Connects you and me."

"C'est beau,"

Echoes the voice of Robert de Montesquiou.

Oui, c'est beau.

The plane slides away.

The hooves of passers-by

Hit the asphalt.

Robert de Montesquiou and I.

The bottomless abyss of

Eternal fantasy devours us.

C'est beau,

N'est-ce pas?

Для вас он еще не родился,

А для меня уже умер.

Плоскость его мира

Соединяет вас и меня."

"C'est beau", --

Вторит голос Robert de Montesquieu.

Да, c'est beau.

Нас поглотила пропасть

Бездонной фантазии.

C'est beau.

N'est-ce pas?

A Woman

A painted she-wolf,

Her voice,

A deliberate illusion,

Occasionally puts out voice-claws.

A she-wolf came out

to walk on Saint Germain.

Stockings from Boutique Erotica,

Visage in wrinkles,

Eyes afire with all-conquering faith

In her own irresistibility.

Selfish, cold,

Loves no one.

Partition of momentary softness

Moved,

And with rust of claws

Her wolf-voice scratches.

Женщина

Крашеная волчица,

Фальшиво-мягкий голос

периодически испускает

голосовые когти.

Волчица вышла пройтись по Сан Жермен:

чулки из бутика эротики,

рожа – в морщинах.

В глазах огонек все покоряющей веры...

в неотразимость.

Эгоистична, холодна, любит только себя.

Перегородки иллюзорной мягкости

Сдвинулись...

И волчий голос царапнул

ржавчиной прячущихся за перегородкой

                        когтей.

Little Girl

Little girl
Fell…
She is not well…
Little girl
Rose…

Little girl:
    Green-eyed.
    Ashy,
    Fire-like,
Donut.

Her tongue always argues,
But her soul agrees.

Little girl –
My mama.

Девочка

Девочка упала,

Девочка встала.

Она – зеленоглазая,

Обжигающая.

Она --

Теплый

Пончик.

Язык ее всегда придирается,

А душа всегда соглашается.

Зеленоглазая девочка,

Эммочка,

Моя мама.

Wide Smile

Wide smile—charm.

Her voice is honey.

She's all in velvet.

She's all velvet.

Under the velvet—

A viper,

Black snake,

Vile snake,

Jealousy,

Dark jealousy.

She sits at the base of the bottom

Suffocates,

And whenever she can,

She tears out.

Wide smile—charm.

He voice is honey,

Poisoned one:

"I will poison everything around you,

My Beauty,

And I'll strangle you with my poison.

For my poison

I'll use

  the words

    for truth and justice,

Широкая улыбка

Широкая улыбка --

Очарование.

Голос – мед.

Вся в бархате,

Вся – бархат.

А под бархатом – гадюка,

Змея черная,

Змея гадкая --

Зависть,

Зависть темная.

Сидит она в глубине,

Задыхается,

Когда только может,

Наружу вырывается.

Широкая улыбка --

Очарование.

Голос – мед:

"Отравлю я тебя,

Красотка моя.

Отравлю я все

Вокруг тебя.

Удушу я тебя

Ядом моим.

Я мой яд справедливостью назову,

And I'll sell them

as 'right thing to do.'

My skill will make your wit and beauty

Turn against you.

They'll all follow me.

They'll all betray you.

My voice is honey.
   I'm all in velvet,
   In velvet.
   I'm velvet."

Яд мой в виде профессионализма

                Преподнесу.

Я так подведу,

Что твой ум и красота

Обернутся против тебя.

Все за мной пойдут,

Все тебя подведут.

Мой голос – мед.

Я вся в бархате,

                В бархате,

Бархат я."

A Lady from Kentucky

From a distance:

Thin,

Soft,

Long haired,

Pale as an angel,

And seems so young!

Close up:

Rootless,

Hypocrite,

Jealous,

Base,

And oh, so old.

She loves to pretend youth

But she can only pull it off from afar.

Дама из Кентуки

Издалека:

Тонка,

Мягка,

Длинноволоса,

Как ангел бела,

И кажется

        Так молода!

А вблизи:

Груба,

Лицемерна,

Завистлива

И подла.

В юность любит играть она,

Но это выходит только издалека.

Hate

She isn't black,

She isn't white,

She's lazy, fat and evil,

Shaped like a pear.

Inside is a stench, not a soul.

"I hate you," she screams.

"I will lie,

Slander you,

Pour dirt on you.

Vileness is my path.

For I loath the beauty out of my grasp."

The earthly world respects her,

The earthly world understands her,

Taking hatred for truth,

Allowing justice, kindness and beauty

To be mixed with filth.

This is the realm of the Prince of this world.

What else would you expect it to do?

Ненависть

Она не черная,

Она не белая,

Она – толстая, ленивая и злая.

На грушу по виду похожа она,

А внутри – вонь,

А не душа.

"Тебя ненавижу", -- кричит она.

"Я солгу,

Я клевету на тебя напущу,

Я грязью тебя оболью.

Подлость – моя стезя,

Все, что красиво,

Ненавижу я.

Ведь это недосягаемо для меня."

Земной мир ее уважает,

Земной мир ее понимает,

Ненависть за правду принимает,

И справедливость, добро, красоту

С грязью мешать позволяет.

Это мир князя мира сего,

Что можно ожидать от него?

The Devil

I stopped,

I stopped praying,

And the devil appeared again to me.

A dark glance --
Darkness around.

The devil fears discovery,

Before he realizes himself,

Before he finds his victim,

And sucks the victim's blood.

The devil, devil again appeared to me.
He likes to please and

To hide his ugly mug.

His body is a fat pear,

His face is dark smoke,

His eyes are hideous dots of evil,

Hate lights them up.

With his insidious smile

He pierces me,

My blood runs away from me

                              To his hungry flat chest.

It almost kills me.

My prayer is strong.

My prayer is deep.

My Lord, my Lord

        Please, save me!

Дьявол

Я перестала,
Я перестала молиться,
И дьявол,
Дьявол мне опять явился.

Тяжелый взгляд --
От него темно.
Боится дьявол, что откроют его
До того, как он в себя воплотится,
Жертву найдет
И у нее кровь сосать начнет.

Дьявол, дьявол опять мне явился.
Угодлив он,
Уродлив он.
Тело грушей,
Лицо коптит,
Ненавистью горит,
Глаза – безобразные точечки зла.
Он улыбкой зловещей своей
Проколол меня,
И кровь моя в лоно к нему потекла.
Молитва моя сильна,
Молитва моя глубока.
Боже, Боже,
Спаси меня!

Enemies

The arrow of a dark, flashing eye
Pierces me.
That face is not one of goodness.
That face glorifies insidious beauty!

His eyes yearn to pluck a fruit,
A forbidden one.
But the fruit?...
It bites and burns your hands.

Ah, how contemptuous and beautiful she is!
How unapproachable!
Desire and hate deprive him of the gift of speech.

"Give me freedom," his eyes say.

"And I will forever erase you from the face of the earth."

He knows that she reads his thoughts.
He knows that if she could,
She would wrap her long braid
Around his neck,
And strangle him.

Враги

Меня пронзила стрела
               темных зрачков.

Что-то в этом лице не о добре говорит,

Что-то в нем красоту зла прославляет.

Глаза жаждут сорвать плод, недозволенный
                                       плод.

А плод?

Он руки кусает и обжигает.

Ах, как она презрительно хороша!

Как недоступна она!

Желанье и ненависть дара речи лишают его.

"Дай мне волю, -- говорят глаза,

И я навеки с земли сотру тебя."

Он знает, что она читает мысли его

И знает, что, если б она могла,

Давно бы свою длинную косу вокруг шеи его
                                       обвила

И удушила б его!

Morpheus

The yellow sun blinds me.

The green grass caresses me.

In the embraces of the grass,

I met Morpheus,

The beautiful youth.

He pulled me out of the grass's embrace,

And dancing the dance of dreams with me.

He kidnapped me.

I don't see the yellow sun anymore.

Morpheus's cattle blind me.

I'll remain eternally

In his world,

The world of dreams and death.

Морфей

Ослепило меня
Солнце желтое,
Обласкала меня
Трава зеленая.

Я в траву легла,
Она меня обняла.
В объятиях ее
Прекрасного юношу, Морфея,
Увидала я.

Он из ласк травы
Выхватил меня,
И в танце прекрасных снов
В царство свое похитил меня.

Солнце желтого
Больше не вижу я,
Ласки Морфея
Ослепили меня.

К миру его навеки
Прикована я.

Pain

It sleeps agonizingly,

Awakens,

Tickles,

Then pounds.

Clear out!

Don't stir me up!

I don't love you!

I don't want you!

I care for life too much!

It's deaf!

And it follows its own fate.

Ah, how pitilessly it beats me!

Боль

Мучительно спит,

А просыпаясь,

Щекочет,

А потом толочет.

Отойди!

Не мути!

Я тебя не люблю!

Я тебя не хочу!

Я слишком жизнью дорожу!

Она глуха.

У нее своя судьба.

Ах, как безжалостно

Меня бьет она!

The Crowd

Under the sound of the awakening day,
Crowd marches,
It marches into the skyscrapers,
Sitting under the hanging sky.

At eight in the morning
Skyscrapers swallow the crowd,
And in the evening at six,
Under the sound of the departing day
The underground gullet,
Gut of the kingdom of Hades
Devours it.
The crowd is on its way Home,
To the kingdom of rest and sleep.

Толпа

Под звуки надвигающегося дня
Толпа марширует.
Она марширует в небоскребы
Под подвешенным небом.

В восемь утра
Небоскребы проглатывают толпу.
А вечером в шесть
Под музыку уходящего дня
Выплевывает ее
В глотку подземелья,

Толпа на пути домой
В царство покоя и сна.

Insomnia

Without a knock,

Without an apology

Insolent and evil

You come in again

And hit me pitilessly.

Hours pass by.

Either day,

Or night,

The clock's inside,

Where are you?

If you leave me,

Then I'll go with you.

        I flee myself.

Train,

Fields,

Towers of San Geminiano,

And I am...

I sink into food:

        white chocolate,

        eggplant sandwiches

And

  Marina...

I lie on the deck,

        I flee myself.

Бессоница

Без стука,

Без позволения,

Наглая и злая,

Ты опять вошла

И безжалостно ударила меня.

Часы бегут,

Что день,

Что ночь.

Часы внутри,

Где же вы?

Если вы ушли,

С вами ушла и я.

    Я от себя бегу.

Поезд...

Поля...

Башни San Geminiano,

И все еще я...

Я окунаюсь

В белый шоколад,

Бутерброды из баклажан

И в морские порты.

Я на палубе корабля лежу...

    Я все еще от себя бегу...

Sun,

Water,

White chocolate,

Red raspberry.

I hear the clock's knock,

I put my life in my pocket,

And I slip into the world of

                Deep sleep.

This time

Without a knock,

Without an apology

I defeat you.

But who knows...

You still might be stronger than me!

Солнце,

Вода,

Белый шоколад,

Красная малина,

Я слышу стук часов.

Я жизнь в карман кладу,

И я крепко, крепко сплю.

Без стука,

Без позволения...

В этот раз я победила тебя.

Но, как знать,

Может быть, ты сильнее меня?!

Walks Through Rome

The sun shines,

Wind rustles,

Silence murmurs.

Ruins of the Palatino palace

Merge with the fragrance

Of eternal Roman roses.

Silence...

It narrates a majestic past.

Прогулки по Риму

Солнце блестит,

Ветер шуршит,

Тишина журчит.

Развалины Палатино,

дворца,

Слились с вечностью

аромата римских роз.

Тишина...

О великом прошлом повествует она.

Rome

One century lies on another.

One century stands on another.

One world continues the other.

Roman Empires,

Papal Empires,

One world subjugates the other.

Time falls into eternity,

Sinking us into itself.

It sings a song

That human lives will pass

And many others will come

In their place.

Rome is eternity.

Рим

Век на веке лежит.

Век на веке стоит.

Мир один продолжает другой.

Римляне...

Папы...

Мир один покоряет другой.

Время кануло в вечность веков,

Нас в себя окунув.

Оно нам песнь поет

О том, что наша жизнь пройдет

И другая заменит ее.

Рим – вечность веков.

Beautiful City

Beautiful city,

Once I loved you so much!

But now, alas,

Where is my love?

Your streets are as handsome as before.

They still inspire me to stroll.

Your museums, palaces, gardens...

I am the life of art.

You're gorgeous.

It seems as if through your beauty

You give.

But, in reality,

You're a vampire:

You create an illusion,

And then you only take, take, and take.

You're a faux ami.

We people, we all feed you.

We create you,

We give to you,

We pour life into you.

But when we come to you

At a moment of pain and anguish,

When we yearn for your love,

Прекрасный город

Прекрасный город,

Я когда-то так любила тебя!

Но теперь, увы,

Где ты, любовь моя?

Твои улицы все еще хороши,

Прогулки по ним мне по-прежнему милы.

Твои музеи, дворцы, сады,

Жизнь искусства – я.

Ты прекрасен,

И, кажется, будто

Ты красотой своей даешь,

Но ты, на самом деле,

Как страшный вампир,

Лишь иллюзию создаешь,

И только берешь, берешь, берешь.

Ты – фальшивый друг.

Мы, люди, все питаем тебя.

Мы тебя создаем,

Мы тебе даем,

Мы жизнь вливаем в тебя.

Но, когда мы идем к тебе

В момент боли-тоски,

Когда мы жаждем твоей любви,

~ 170 ~

You're a courtesan,

A corrupt creature,

A vampire that can only devour everything.

You're rude and vulgar,

You look in our eyes and laugh at us.

You burn us with your indifference,

And rude tactlessness of your words!

Ah, Beauty, from outside you look divine,

But inside you are banal and trite.

~ 171 ~

Ты – куртизанка,

Продажная тварь,

Вампир, который способен лишь пожирать.

Ты – груб и вульгарен.

Ты нам смеешься в глаза,

Ты равнодушьем своим

И грубой бестактностью слов

Нас обжигаешь!

Красотка, ты снаружи так хороша,

Но внутри ты потерта и очень пошла.

Street

Not a soul alive...

Only mechanical cockroaches

Moving on the asphalt.

Orangutans, who call themselves men,

Emerge from them.

On the right and on the left

The turned-over crypts,

Trade barracks---

Stand.

In them freaks sell themselves and their goods.

From one barrack to another

The cockroaches glide.

They delight the orangutans.

They buy the orangutans' goods.

At night,

When everything calms down,

A grey sky,

Grey asphalt,

Grey barracks, turned over crypts,

The cockroaches,

Flow into one

Terrible, big,

Grey mass--

An agony.

Улица

Ни души...

Одни лишь двигающиеся

По асфальту механические жуки,

Орангутанги в них видны,

Человеками называют себя они.

Справа и слева

Перевернутые склепы --

Торговые бараки --

Стоят.

В них чудаки продают себя

И свое добро.

Жуки от одного барака

К другому

Скользят.

Орангутанги чудаков услаждают,

Добро их у них покупают.

К вечеру, когда все затихает,

Серое небо,

Серый асфальт,

Серые бараки

        Перевернутых склепов

И жуки

Сливаются в одну

        Жутко-большую

The agony stinks,

And the spirit screams at the stench.

At night,

Between turned over crypts,

Blinking, flashing bandage

Shine,

Beautifying the space,

Glorifying the goods for sale.

In the new world,

It's called a Street.

　　　　　　Серую массу,

Тоску.

Тоска смердит,

Божий дух от этого кричит.

По ночам,

Между перевернутых склепов,

Мигающие полотенца

Кричащих реклам горят

Добро на продажу

　　　　　　В бараках

　　　　　　　　　　Прославляют,

Пространство украшают.

В новом мире это улицей называют.

Illness

Knock, knock, knock...

Many movements!

Feeling – rapidity...

Red cheeks! Burning eyes!

Ah, how it agitates here and there!

Indeed, things happen!

I opened my eyes – dead silence!

Crimson cheeks!

Reddish eyes without light!

No step forward!

But one leg is already over the abyss into...

Calamity!

I am close to giving up,

I am close to falling down

Into the abyss "where miracles happens,"

I lose myself!

But no step behind!

Such a terrifying emptiness!

Yellowness,

Without bright eyes,

I am all wrapped...

I hold somebody's hand...

No step behind!

Болезнь

Стук, стук, стук...

Много движений!

Ощущение – быстрота...

Красные щеки! Горят глаза!

Ах, как носит туда и сюда!

Во истину делаются дела!

Открыла глаза – мертвая тишина!

Багровые щеки!

Красноваты, без блеска глаза!

Ни шагу вперед!

Но вот уж одна нога

Занесена над пропастью в...

Беда!

Вот-вот оступлюсь,

Вот-вот полечу

В пропасть «вершу чудеса».

Теряю себя!

Ни шагу назад!

Какая страшная пустота!

Желтизна,

Без блеска глаза.

Перекосилась вся...

Чью-то руку держу...

Ни шагу назад!

But in the meantime

No step forward!

Crossroads.

      Where?

Но пока

И ни шагу вперед!

Развилка.

        Куда?

Flowers

Red, yellow, blue, white

Live wildflowers

Stand in crystal the color of innocence,

In a Parisian hotel-room

Papered in pansies

Where women for 200 francs

Service society's lust.

Flowers stand on the table,

On the stinking kitchen linoleum.

They are so alien and so at home.

Perfuming the room with wild flowers

Freshened by dew,

They soften the world,

Seethed with life's death,

By imperceptible eternities.

Цветы

Красные, желтые, синие, белые

Живые полевые цветы

Стоят в хрустале цвета невинности,

В комнате, оклеенной обоями

Парижских гостиниц,

Где женщины за 200 франков

Служат мгновениям социальной похоти.

Цветы стоят на столе,

Покрытым линолиумом

Протухших кухонь.

Такие чужие и такие свои.

От них исходит аромат неухоженных полей,

Нежность утренней росы.

Они освежают мир, бурлящий смертью жизни,

Мгновениями неуловимой вечности.

MERMAID

Русалка

Mermaid

On the cliff,

Under the sky,

Above the ocean abyss

A little house stands.

Green sea

Washes the rock

But never climbs upon it.

Once,

The mistress of the house,

A mermaid,

Was invited by Sleep.

He lured her to his house of eternal dreams.

When she came in there,

Here's what my mermaid saw:

The green sea washing away the rock,

like a geyser spurting up to the house.

The mermaid half-opened her eyes,

The wave caught her glance,

And the green lava withdrew

To the foot of the rock,

Retreated.

Русалка

На скале,

Под небесами,

Над морской пропастью

Домик стоит.

Зеленое море

Скалу омывает,

Но на нее никогда не посягает.

Однажды

Хозяйку дома,

Русалку,

Сон пригласил,

В свой дом бесконечных иллюзий

Ее заманил.

Войдя,

Вот что увидала русалка моя:

Зеленое море скалу подмывает,

И гейзером к домику подступает.

Тут русалка глаза приоткрыла,

Морская волна увидала глаза ее,

И зеленая лава вдруг отступила:

К подножью скалы отошла,

И от скалы отплыла.

~ 186 ~

What was it?

The parabola of her life

Or merely nothing at all?

~ 187 ~

Что это было?

Парабола жизни ее,

Или просто ничто?

Grey Rock

I
 stand on the grey rock.
The ocean washes the rock.
I look into the precipice.
God won't let me fall.

I call to God.
God answers me.
He reminds me about Job.

The sun burns me.
The sea washes me.
The wind blows on me.
God sets me free.

I look into the sky.
I ask for Beauty.
And with it God illuminates me.

Я на серой скале стою

Я на серой скале стою,

Скалу океан омывает.

Я в пропасть гляжу,

Бог меня не пускает.

Я к Богу взываю,

Бог мне отвечает,

Он мне об Иове напоминает.

Солнце меня обжигает,

Море меня обмывает,

Ветер меня обдувает,

Бог мне освобождение предвещает.

Я в небеса гляжу,

Я красоты прошу,

И ею меня Бог озаряет.

Prayer

The juice of life

Is the attraction of the sexes,

Earthly future,

Happiness,

Inspiration.

The juice of life

Is a biological wine.

In our youth God breathed it into us.

How scary

When it flows away:

You see, it steals your life..

The soul goes to sleep,

And death devours us.

Ah, Lord, you endow us

With the wealth of a soul and wit,

Yet you ruin our flesh.

Wonderful hair,

Lively eyes,

Tender body--

Are food for worms.

Lord, how cruel you are!

Молитва

Сок жизни --

Притяжение полов:

Земное будущее,

Счастье,

Вдохновение оно.

Сок жизни --

Биологическое вино,

В юности Бог напоил нас им.

Как страшно,

Когда оно утекает!

Оно ведь жизнь с собой забирает:

Душа засыхает,

Смерть пожирает.

Ах, Боже, ты нас одарил

Богатством духа и души,

А наше тело ты погубил.

Прекрасные волосы,

Живые глаза,

Нежное тело --

Червякам еда.

Боже, как жестоко ты поступил!

Fall Day

The dead yellow

Of half-naked trees,

Grey sky --

Almost winter.

But outside there's a spring-like warmth.

You come out of your aquarium home,

And breathe in the sharp essence

Of leaves, falling and rotting into compost.

You're finally filled

With long-awaited,

Almost always missing,

Tranquility.

Осенний день

Мертвая желтизна

Полуголых деревьев,

Серое небо,

Почти зима.

А на улице – весна, тепло.

Ты выходишь из домашнего аквариума

И вдыхаешь терпкий аромат

Опадающих и гниющих компостом листьев.

И тебя, наконец, заполняет

долгожданное ощущение

почти всегда отсутсвующего

                покоя.

Hibiscus

I'm freezing,

Freezing,

Freezing.

Glass,

A window,

A red hibiscus

Shines in the window,

Looks into my eyes,

Beckons.

I'm freezing,

Freezing,

Freezing.

But the Hibiscus

Behind the window,

Behind the glass,

Shines,

And keeps on beckoning.

I break the window,

Knock the hibiscus from the window sill.

There it lies,

Its red shining,

Burning me.

Hibiscus

Замерзаю,

Замерзаю,

Замерзаю.

Стекло,

Окно.

Красный hibiscus

В окне горит,

И мне в очи глядит,

Зазывает.

Замерзаю,

Замерзаю,

Замерзаю.

А hibiscus

За окном,

За стеклом

Горит.

Все зазывает.

Я стекло разбиваю,

Hibiscus с подоконника сбиваю.

Он лежит,

Красный цвет его горит,

Меня сжигает.

~ 196 ~

It's dying,

But I shine,

Then I burn out.

Cold and fire feed me,

They give me life,

Then take it back.

Он умирает,

А я горю,

Сгораю.

Холод и огонь меня питают,

Жизнь дают

И ее забирают.

Sensations

Colors.

White -- unknown.

Blue -- uncomfortable.

Pink -- easy enchantment,

Like the breath of the wind,

Like the fragrance of dew,

Like the smell of the sea,

The sensation captures

And for an instant leads us,

To the world of pointless and beautiful

                                                    dreams.

Ощущение

Цвета.
Белый —- неизвестность,
Голубой – неловкость,
Розовый – легкое очарование.

Как дыхание ветра,
Как аромат росы,
Как запах моря
Ощущение захватывает
И на мгновение уводит
В мир бессмысленных
И прекрасных грез.

Life Casts Me

Life casts me
From Africa to Alaska.
Between Africa and Alaska
There is a hot-water sea.
Love chattering.
Passion without fire.

It is good that life, at least,
Did not deprive me of this.

Из Африки на Аляску

Из Африки на Аляску
Жизнь бросает меня.
А между Африкой и Аляской
Горячая морская вода,
Любовная болтовня,
Страсть без огня.

Хорошо хоть этим
Жизнь не обделила меня.

Carousel

The fixed point is me.

Air without O_2.

Head-spinning,

Circles of the carousel…

My carousel doesn't spin me around at all.

The fixed point is me.

Air without O_2.

The carousel is too far away.

Fixed point.

Me.

Air.

O_2.

Head-spinning.

Circles of the carousel…

Now my carousel begins to spin me around!

Carousel, carousel,

You've been spinning toward me too long,

I have been waiting for you for too long.

Ah, I can't breath!

Карусель

Неподвижная точка – я.

Воздух без O_2.

Головокружение,

Карусель кругов,

Карусель моя

Совсем не кружит меня.

Неподвижная точка – я.

Воздух без O_2.

Карусель кругов слишком далека.

Неподвижная точка.

Я.

Воздух.

O_2.

Головокружение,

Карусель кругов,

Карусель моя

Закружила меня!

Карусель,

Карусель,

Слишком долго ко мне ты кружила себя,

Слишком долго ждала я тебя.

Задыхаюсь я!

Red Lava

Red lava is flowing, flowing,

Taking life away.

Red lava is flowing, flowing,

Giving new life.

You are walking the tight rope,

Ready to fall.

Red lava is flowing,

Taking eternity away.

Red lava is flowing,

Burying you in the earth.

Red lava is flowing,

But it won't sweep you away.

Красная лава

Красная лава течет,

Жизнь с собою берет.

Красная лава течет,

Новую жизнь дает.

Ты по канату идешь,

Вот-вот упадешь!

Красная лава течет,

Вечность с собой забирает.

Красная лава течет,

Тебя в землю зарывает.

Красная лава течет,

Но тебя она не снесет!

Clock

"Tick, tock,

Tick, tock,"

The clock sings its hullaby.

Only when life was passed,

And old age ran into me,

I caught on

That the ticking is all,

That is to life.

Тик, так

"Тик, так,

Тик, так", --

Прибаутку свою прибаудят часы.

Только когда жизнь прошла,

И старость встретила меня,

Понял я,

Что тиканье – это жизнь и вся.

Rubber Balloon

The air of love and beauty

Flowed in a rubber balloon,

Turning it into an airy creature.

The balloon flew into the sky.

It flies as a free bird,

Its beauty shines.

It embraces the world.

A shot from the sting shot of ugliness...

Burned rubber shreds

Fall on the ground

And stink.

A crowd walks over the rubber,

Noticing nothing:

Nobody picks up the shreds,

Nobody strokes them with loving hands.

The balloon let out a last sigh

And died.

Резиновый шар

Воздух любви, красоты

Влился в резиновый шар

И в воздушный его обратил.

Шар полетел в небеса.

Он птицей свободной летает,

Красота его пылает,

И ею он весь мир обнимает.

Выстрел из рогатки
                        уродства...

Лоскутки горелой резины

На земле лежат,

Смердят.

Толпа по резине шагает,

Ничего не замечает.

Никто лоскутки не подбирает,

Никто любовной рукою

Их не ласкает.

Шар издал последний вздох

И сдох.

Invitation

to T.P.

A labyrinth of rooms--

A path to the skies.

She invites me to join her.

"Every night

After dinner

I would like to converse with you.

In exchange,

I'll give you this labyrinth of rooms

That has no beginning or end."

"Thank you,"

I say.

"But I would rather be without a labyrinth.

After dinner

I am better off conversing

With my husband

In his dark living room

On Earth."

She did not reply.

She rose to the sky,

While I remained bound to Earth.

Приглашение

Т.П.

Лабиринт комнат --

Путь в небеса,

С собой приглашает она меня.

"Каждый вечер

После ужина

Я с Вами в беседах проводить хочу.

В обмен,

Лабиринт комнат,

Без начала

И без конца,

Я Вам дарю."

"Спасибо" -- говорю я.

"Но я предпочитаю

без лабиринта.

А после ужина

Я лучше с мужем моим

В его темной гостиной,

На земле,

Проведу".

Она ничего не сказала

И взнеслась в небеса,

        Без меня.

Separation

Night is yellow light.

Silence,

Cleanliness,

Beauty,

Finally how free you are!

Long sleep,

Day is white light.

A noisy street,

But in the soul ...

> A coiled snake approaches sneakily,
>
> Fangs exposed,
>
> And treats you to venom,
>
> Venom of homelessness,
>
> Venom of solitude.

Yellow light is night.

White light is day.

How beautiful...

But where have you gone, my sweet freedom?

Расставание

Желтый свет – ночь.

Тишина,

Чистота,

Красота,

Наконец-то свободна я!

Долгий сон,

Белый свет – день.

Шумная улица.

А в душе...

    Гадюка клубком подбирается,

    Жало свое выпускает,

    И ядом,

    Ядом бесприютности,

    Ядом одиночества

        меня угощает.

Желтый свет – ночь.

Белый свет – день.

Красота...

Где же ты, свобода моя?

She

She comes out of the shell of the past,
She moves toward the sea of the future,
The nets of the past squeeze,
The lighthouse of the future beacons.
The easy chair of the past,
Colored with future hope.

Her glance looks back.
In front bridges open.
A bottomless horizon tempts her.

She is moving to the music of infinity,
The rhythm of eternity,
She is dancing the dance of life.

Она

Она выходит из ракушек прошлого.

Она движется к морю будущего.

Сети прошлого зажимают,

Маяк будущего зазывает.

Мягкое кресло прошлого

Цвета надежды на будущее.

Взгляд назад.

А впереди раскрылись мосты.

Бездонный горизонт зовет.

Она движется под музыку бесконечности,

Под ритм вечности.

Танец жизни танцует она.

Ballads

Баллады

Ballad

The drum beats.

The commander yells:

He calls the regiment to battle.

Women's handkerchiefs follow them.

The drum beats.

The commander yells:

Marie throws her doll into the garbage can.

Marie dreamed about having a doll.

But nobody would buy her one.

Marie sneaked ten dollars from the family safe,

And bought a beautiful doll

In a luxurious dress.

The drum beats.

The commander yells.

Marie throws her doll into the garbage can.

It's been four days

Since the family noticed the money missing.

Ten dollars is not nothing.

They are in need of it.

The horror strangles Marie.

Баллада

Барабан стучит,

Командир кричит,

Полк в бой призывает.

Женщины платочки кидают.

Барабан стучит,

Командир кричит.

Маша в помойку куклу бросает.

Маша о кукле уже три года мечтает,

Но куклу ей никто не покупает.

Себе сама куклу решила купить она.

Десять рублей Маша из семейной копилки
                               вынимает,

И куклу, прекрасную,

В роскошном наряде себе покупает.

Барабан стучит,

Командир кричит,

А Маша в помойку куклу бросает.

Вот уже четыре дня

Как схватилась семья:

Десять рублей – большая деньга,

Она им нужна.

Машу ужас зажимает.

Она в тюрьме себя представляет.

She imagines herself in prison.

She has to escape.

Get rid of the evidence.

The drum beats.

The commander yells.

Twenty years later

Marie takes the life of her child.

The drum beats.

The commander yells,

While the prison steals Marie's life away.

Нужно бежать,

Улики нужно уничтожать.

Маша куклу в помойку бросает.

Барабан стучит,

Командир кричит.

Так двадцать лет спустя

Ребенка своего придушила Маша моя.

Барабан стучит,

Командир кричит,

А Маша жизнь свою в тюрьме коротает.

In the Paradise of the Garden of Love

In the Paradise of the Garden of Love

They live.

The Garden blazes with hyacinths and roses.

It promises the happiness of paradise.

In the Paradise of the Garden of Love

They live.

The Garden blows warm winds on them,

It shades them from the bright sun.

In the Paradise of the Garden of Love

They live.

At night dreams visit

And invite them to other worlds.

In the Paradise of the Garden of Love

They live.

Her friend remains more and more

In the other worlds.

He lies on the soft grass bedding of paradise

And endlessly sleeps.

Once when she lay next to him

On the soft grass bedding of paradise,

A strange guest visited her:

Young, beautiful,

All dressed in white.

В райском саду любви

В райском саду любви

               живут они.

Сад в гиацинтах и розах пылает,

Райское счастье он обещает.

В райском саду любви

               живут они.

Сад их теплым ветром

               обдувает,

И от яркого солнца спасает.

В райском саду любви

               живут они.

По ночам их сны посещают,

И другие миры к себе приглашают.

В райском саду любви

Все чаще и чаще

Друг ее в других мирах

               пребывает.

Он на мягкой подстилке

райской травы лежит

И непробудно спит.

Однажды, когда она с ним

На райской траве легла,

С Морфеем к ней странная гостья пришла.

~ 224 ~

The guest approached her friend,

Kissed him,

And then whispered:

"Ah, I love you!

I must take you from your paradise.

Your paradise is divine,

But it is your time,

By now it has exhausted you.

Your fatigued soul constantly moans,

And you call for me more and more!"

In the Paradise of the Garden of Love

They lived.

She opened her eyes.

She bowed to him.

His face was pale.

He was not breathing life.

Then she knew

He had betrayed her with Death,

Who came

And unceremoniously took him away.

The Garden became a forest.

Nothing blooms in it.

In the forest, a ghost woman lives.

Her eyes are blind with tears.

She awaits her friend's return.

Молода, хороша,

Вся в белых одеждах она.

Гостья к другу ее подошла,

В губы его нежно поцеловала,

А затем прошептала:

"Ах, как я люблю тебя!

Я из рая твоего вытащить

тебя должна.

Рай твой прекрасен,

Но тебе пора.

Он утомил тебя.

Твое сердце болит,

Голова трещит,

Душа твоя от усталости кричит.

Ты все чаще и чаще зовешь меня!"

В райском саду любви жили они.

Глаза открыла она,

Наклонилась к нему.

Лицо его бледно.

Не жизнью дышит оно.

Тут она поняла,

Что прекрасная женщина смертью была.

Она за ним пришла,

Соблазнила его

И бесцеремонно его от нее увела.

But the Beauty in white loves him.

Far from earth she's shackled him with caresses.

He discovered eternity with her,

And the image of his earthly friend

Dissolved in it,

And left him forever.

~ 227 ~

Сад обратился в лес.

В нем давно уже ничто не цветет.

В лесу призрак женщины живет.

Глаза ее ослепли от слез.

Она возвращения друга ждет.

Но красавица в белом любит его.

И вдали от земли

Она в ласках к себе его приковала.

Он с ней вечность познал,

И образ подруги земной отошел от него
                                          навсегда.

~ 228 ~

A Fairy Tale

She gave the order,

They arrested,

Beat and locked him

In the dungeon,

Under a dark rock.

One day passed, two,

Then a week, two.

The bolts creaked,

The doors opened and closed,

And She appears on the threshold.

Her face is under thick taffeta,

But she is radiant, lithe, tender.

The velvet of her black dress shines,

Setting off the golden hair

That falls to her knees.

She approaches him,

Unlocks his chains,

And begins to converse with him,

She left

And returned the next day.

Day after day she came,

Fed him, gave him drink,

Read books,

Сказка

Она приказала,

Они схватили,

Избили его и в подземелье

Под темной скалой

Посадили.

День прошел, два,

Неделя, другая.

Заскрипели засовы,

Дверь отворилась,

И на пороге Она появилась.

Лицо под толстой тафтой,

Но лучезарна, тонка, нежна.

Бархат черного платья сияет

И власа ее золотые, до колен,

Оттеняет.

К нему она подошла,

Цепи его расцепила

И с ним заговорила.

Ушла,

А на другой день вновь пришла.

Так день за днем она приходила,

Кормила его, поила,

Книги ему читала,

And talked to him.

In the evenings she would

Bolt and lock the door,

Then leave.

Once, although he lived in chains,

He forgot them,

And fell in love with her.

Now she came every night

And loved him.

Their lips blended,

Bodies united...

She wore no more taffeta.

A dark mask replaced it.

One month passed, two.

Once she came,

Beautiful as always,

And without a face.

"I came not alone," she said.

"In my body a new soul is born

From you and me."

He took her in his arms and unmasked her face.

Her face...

Thin eye brows,

Dark huge eyes;

~ 231 ~

С ним говорила,

А по вечерам уходила,

Засов за собой затворяя

И на замок дверь запирая.

И вот однажды

Он, хоть в цепях и жил,

Цепи забыл

И ее полюбил.

Теперь по ночам она приходила

И каждую ночь его любила.

Их губы сливались,

Тела соединялись...

Уж больше тафту она не носила.

Темная маска ее сменила.

Прошел месяц, два.

Вот она однажды пришла,

Как всегда, хороша,

Как всегда, "без лица".

"Я пришла не одна", -- сказала она.

"В теле моем душа зародилась

От тебя и меня".

Тут он ее схватил и лицо ее обнажил.

Лицо ее – тонкобровое,

                Темно-огромноглазое,

Pale and red,

Divine.

He recognized her...

In a distant foreign country,

He had known her brother,

Her, all the family...

        He knew...

While leaving,

He killed her brother.

Her, the sister,

In the fire of empty and stray passion,

He scalded and ruined her.

And the family...

He drowned in boiling water.

The sister...

        Here she is.

Love for her possessed him,

Passion wrapped him, blending him with her,

And gave him a new life...

But She did not forgive him...

She wrapped his golden hair around his neck,

And strangling him,

Took her revenge.

~ 233 ~

Бледно-красное,

Прекрасное.

Он ее узнал...

В той далекой стране, чужой,

Он брата ее знал, ее, всю семью...

                    Он знал...

Ту страну покидая,

Брата он убил,

Ее, сестру, в огне страсти

Пустой шальной обварив,

                    Погубил.

А семью...

        В кипятке затопил...

Сестра...

           Вот она...

Любовь к ней его захватила,

Страсть его обняла, с ней слила,

Новую жизнь дала...

Но Она ему не простила...

Вокруг шеи его

Она обвила власа свои золотые

И ими его удушив,

Ему отомстила.

Buried a Friend

The voice comes from the cave of oblivion.

This voice is waking me up.

Ah, how I want to sleep!

Ah, how I want not to be!

I've buried a friend!

She was a horror of a friend!

She was a cruel one!

With a sharp dagger

She would cut

The strings of feelings.

Outside she seemed so pretty,

But inside she was a she-wolf.

Ah, how I want to sleep!

Ah, how I want not to be!

I've buried a she-wolf.

She had a market,

Big and lively!

I liked it!

I often went there!

When the she-wolf vanished,

The market disappeared,

The city turned into a graveyard.

Подруга

Голос выходит из пещеры забвения,

Голос будит меня.

Ах, как хочется спать!

Ах, как хочется не бывать!

Подругу похоронила я!

Подруга была страшна!

Подруга была жестока!

Струны чувств острым кинжалом

Перерезала она!

Снаружи вроде бы хороша,

А внутри – волчицей была она.

Ах, как хочется спать!

Ах, как хочется не бывать!

Волчицу похоронила я!

У нее была базар,

большой живой!

Я его любила!

Я туда часто ходила!

С волчицей ушел базар,

Город безмолвным стал!

Жизнь, улицы,

Жажда любви и тепла.

Вот почему так долго

Life, streets,

Striving for love and warmth.

That is why I put up with the she-wolf

For so long.

I finally understood

That the she-wolf was not a friend,

She was a vampire,

Sucking my blood drop by drop.

How nice that somebody

Strangled her,

How nice that she died!

Ah, how I want to sleep!

Ah, how I want not to be!

I have buried a friend.

Волчицу терпела я!

Я наконец поняла,

Что волчица мне не подругой была,

Что волчица вампиршей была,

Что у меня кровь по каплям она пила.

Как хорошо,

Что кто-то ее придушил,

И она умерла.

Ах, как хочется спать!

Ах, как хочется не бывать!

Подругу похоронила я!

Monica and a Musician

To M.Y.

Half-closed,

Half-opened

      eyes,

But behind their barrier

There's a piercing glance.

The sea waves swing us,

They raise us to their tops,

And throw us to the bottom of the Sea.

The cold water washed us,

The sea grass caresses us.

We are together and separate.

We love,

We love

    other,

Not those who love us.

He loves Him,

    Not me.

I love my own Him.

We love others.

Not those who love us.

We are together and separate.

Моника и музыкант

М.Ю.

Моника и музыкант...

Полуоткрытые,

Полузакрытые

        глаза,

А за барьером --

Их пронзающий взгляд.

Нас волны качают,

На вершины свои они

Нас иногда подымают,

А иногда с волною зеленой

На морское дно

        опускают.

Нас омывает вода холодная,

Травы морские своими

Стеблями ласкают нас.

Мы вместе и врозь.

Мы любим,

Мы любим

        других,

Не тех, кто любит нас.

Он любит Его,

        не меня,

А я...

The sea wave swings us to its top,

To the sun!

It sits us on two distant tops

And throws us back to each other.

We are together and separate.

We love separately,

But we will die together.

The sea wave swings us too much

Into each other's arms.

Я тоже Его люблю,

Я люблю моего Его.

Мы любим других,

Не тех, кто любит нас.

Мы вместе и врозь.

Морская волна нас

Вверх, к солнцу, толкает,

На два, далеких друг от друга,

Гребня сажает.

Мы врозь живем,

Но вместе умрем.

Морская волна

Нас слишком сильно качает

И друг друга в объятья толкает.

A Rose and a Nightingale

To Oscar Wilde

The thorn entered in me,

But I, the nightingale, I sing.

I sing and give life to the rose.

My blood flowed into hers.

She revived.

Her red blossoms are my life.

My song is her scent.

Her scent is my love.

"Ah, how beautiful is the rose!"

Whispered a little princess to a prince,

In love with her.

The rose was cut off.

A table,

A crystal vase.

The petals are lying on the floor.

I do not sign.

I lie on the ground.

The wind is wandering over me,

The sun is shining,

The rain pours on me.

Nobody sees,

Remembers,

Роза и соловей

Оскару Уайльду

Шип впился в меня,

А я, соловей, пою, пою.

Я розе жизнь даю.

Моя кровь с ее слилась.

Она ожила,

Зацвела.

Песнь моя – аромат ее,

Аромат ее – любовь моя.

"Ах, как роза хороша! " --

Пропела маленькая принцесса,

Обращаясь к влюбленному в нее принцу.

Розу срезали.

Стол,

Хрустальная ваза,

Лепестки на полу.

Я не пою,

Я на земле лежу.

Ветер надо мной гуляет,

Солнце сверкает,

Дождь меня поливает.

Никто не видит,

Не понимает,

Notices me.

The rose...

Without petals,

Without scent...

Only the stem with thorns...

The crystal vase is empty.

The rose is not the rose anymore.

It rots in the ground,

Giving life to worms.

But love?

The prince fell in love with the servant,

The princess with a servant-eunuch.

The scent of their love went away,

When the petals of the rose were gone.

The prince and the princess

Do not remember any more

The song of the nightingale,

The scent of the rose,

And

    One another.

Не замечает.

А роза...

Роза

Без лепестков,

Без аромата стоит,

Ствол из шипов.

Хрустальная ваза пуста.

Роза не роза

С компостом в земле гниет,

Жизнь червякам дает.

А любовь?

Принц влюбился в служанку,

А принцесса – в слугу-евнуха.

С лепестками розы ушел аромат их любви.

Они не помнят

Ни песни соловья,

Ни аромата розы,

Ни друг друга.

~ 246 ~

Attic
Чердак

Attic

To Lyubov Momot's painting *Attic's Secrets*

Noise…

Cracking, snaking through

My attic—

A heap of dusty junk,

Full of colorful flying birds.

    They sing:

        Dragonflies' summer buzz;

Moan:

        Lonely woman in pain;

Weep:

        Wounded man in trenches, human corpses around;

Screech:

    Mice squabbling in house walls.

Screeching beats me,

Moaning hits me,

Birds weep – I never sleep.

That sunny day

My mind was blank,

Like the front of an empty white page,

And is numb.

I took a gun;

Silence entered my life.

The birds' little bodies lay on the floor.

~ 249 ~

          They do not fly,

              do not sing,

                  do not moan,

                  do not weep,

                  do not screech.

They smell --
A smell of a rotten bread

I am unable to get rid of it,
I have to live with it.
Oh, these birds…
Even when they do not seem alive,
They wander within me
And disturb my nights.

A snail-soul hibernating in its shell;
Black olives:
    A triangle glance – sharp knife,
    Paint in red my back;
Stars rarely shining in the sky,
A fat Satyr, dressed in green shorts,
Tapping at my house roof all night,
A spring rain beating me -- my past,
Dolls of fear – flying away drops of motley life –
Dancing its macabre dance.
My attic will never be free of its dusty junk.

Чердак

Картине Любовь Момот «Чердак»

Шумы услыхал я.

Треск шел из моего чердака…

Куча пыльного старья,

А над ним

Птицы многоцветные летают,

Поют,

Стонут,

Рыдают….

Трест птичий мне спать не дает,

И от него я изнемогаю.

В один солнечный день

Я пистолет взял

И их всех перестрелял.

Они петь,

    Летать,

    Стонать,

    Рыдать

        Перестали,

Теперь они тихо на полу чердака лежали.

Запах разложения

Не выношу я,

Но избавиться от птиц не могу я.

Они – мысли мои.

Даже, когда они вроде бы не живы,

Они во мне живут,

И мне спать не дают.

Roses

Roses,
Color of wine,
They stand in the vase
Made of transparent glass.

They talk about love —
                Eternal,
                  Fresh,
                    Never passing,
                      Tender and warm --
                      Muttering spring wind.

Eyes shine,
Voices whisper.

Roses
  Charm, bewitch
      With their intoxicating scent.
  They talk about
      The magic
          Of lunar love.

                    Just not for me.

Розы

Бордовые

Холеные

В вазе прозрачной стоят.

Они говорят о любви,

        вечной

           прекрасной,

        непроходящей

           нежной и теплой любви.

Глаза горят...

Голоса говорят,

А розы стоят...

Их аромат обволакивает,

Заволакивает...

Они говорят о лунной любви

              Не ко мне...

Glance

I threw a glance into the mirror
And saw it,
A glance,
My glance – violet aster
Frozen by the summer heat,
Deafened by the blues of the miaowing twilight wind,
Blinded by bites of the buzzing striped bees.
It smiled to me.
Flames jumped out of it.

I invited it
To go for a walk
In the park,
A floral one,
Filled with
Black-eyed irises,
Cross-eyed orchids,
Bushy multicolored roses,
Spring-scenting narcissus.

My glance fell in love with a rose,
Yellow, with burgundy streaks,
Soaked in the astringent scent.

Since then I look into the mirror
And when I meet my glance
It is unrecognizable.

Love's clawless paws,
Like a green sea wave
Embrace it.
Its touch is a soft,
Wet summer haystack.

Love peels its white skin,
Spoiled milk,
Dresses it in a newborn's pink,
Smelling of cacao and chocolate.

Motley youth takes it under its featherless wing,
And I, together with it,
Am invited to dance a swing on its wing.
We swing.
My glance sees only azure sky,
For me, earth has died.

We fly
It and I,
We do not look in each other's eyes.
The brushy rose took over my glance,
Whereas I,
Its liberated serf,
I take off my worn old suit
To follow it.

Взгляд

Я в зеркало взглянул

И увидел Его,

Взгляд,

Мой взгляд,

Старый, мрачный

Жизнью побитый.

Он улыбнулся мне,

И из него выскочило тепло.

Я пригласил его

на прогулку со мной

в парк,

в парк цветов,

ирисов и орхидей,

роз и нарциссов.

Он в розу,

в розу желтую,

в розу желто-бордовую,

ароматом терпким пропитанную,

нежно влюбился,

а она влюбилась в него.

С тех пор,

когда я в зеркало гляжу

и встречаю мой взгляд,

я его не узнаю.

Любовь ласками его одарила,

Ароматом юности его оросила.

Юность, взяв его под свое крыло,

Меня на крылья свои посадила.

Вместе с ним, взглядом моим,

Я на крыльях любви качаюсь,

Ласками любви наслаждаюсь,

В небеса гляжу,

На землю к нам больше не возвращаюсь.

Там, куда мы летаем,

Мой взгляд и я

Друг к другу прикасаясь,

Мы в глаза друг друга не глядим.

Он занят розой своей,

А я, верный друг его,

Всюду следую за ним.

Rebecca and the Knight

To Walter Scott

Handsome knight,

You live in the castle,

Surrounded by a moat;

All windows are covered up.

You wear chain mail,

With shield in the heart.

You protect your castle by fire and sword,

And often you leave it to go to foreign lands

To kill and to burn,

In the name of Christ,

Your God.

One day in your travels,

While riding your wild horse,

You noticed me,

Crossing a dusty street.

I was thin and young.

My huge black eyes—a full moon—

Met your green eyes hidden under the metal mask.

You saw my long dark braid

Surround my biblical oval face.

I touched your metal heart.

You got off the horse,

Chivalrously gave me your right hand,

And with your left

Took out your sword.

You put me close to you on your wild horse,

And now, together with you

I ride to the unknown world.

It has been eight centuries.

While holding hands

We cross centuries.

Sometimes years separate us,

Sometimes centuries.

But then we meet again,

We hold hands again and cross centuries.

Our castle became a house,

Full of mice and dirt,

Where the windows are clothed.

But through the fog of a dream

The exotic beauty—

Its blue jars, tightly woven rugs—

Accompanies us.

You carried love for it throughout centuries.

My knight,

If it happens that destiny makes us go apart,

Know

We will meet again

In another century,

And holding hands,

We will walk side by side

Toward a new *rendez-vous* in embracing us centuries.

Ребекка

Вальтору Скотту

Прекрасный рыцарь,

Я встретила тебя в пути...

Ты остановил меня,

Ты руку мою попросил,

И я тебе ее отдала.

Прекрасный рыцарь,

Ты умен и красив.

Я в пропасть веков смотрю

И вижу тебя,

Пересекающего века.

Ты в замке живешь,

Твой замок рвом окружен,

Все окна забиты в нем,

Ты носишь кольчугу

И иногда ты ее украшаешь щитом.

Ты ведь был когда-то бойцом.

Ты замок свой защищал огнем и мечом

И в походах за веру свою

По миру бродил.

И вот однажды

Ты встретил меня.

~ 261 ~

Я была тонка, хороша и юна.

Моя длинная черная коса

Украшала мой библейский овал лица.

Ты влюбился в меня страстно,

И саблю свою обнажив,

Ты похитил меня.

Вот уже восемь веком,

Как мы за руки взявшись,

Переходим через века.

Вот уже восемь веков,

Как мы рядом идем.

Нас иногда разделяют года,

Иногда века...

Но нас вновь и вновь сводит судьба,

И мы вновь,

Вместе, переходим через века.

Замок наш обратился в дом,

Где окна забиты,

Где мыши живут

И грязь.

Но иногда через дымку сна

Там проглядывает

Восточная красота,

Которую ты полюбив

Из походов крестовых привез.

Ты пронес ее через века,

И в нашем доме,

Вместе со мной

Поселилась она.

Мой рыцарь,

Если судьба нас разлучит вновь

На года иль века,

Я знаю,

Я встречу тебя опять

В одном из идущих нам на встречу веков,

И мы вновь,

Взявшись за руки

Рядом пойдем,

Передохя через века.

~ 264 ~

The Gnome, the Dragonfly, and I

On a cloud in the green sky,
The little gnome sits, sings.
Pearls run out of his eyes,
Wetting him.

The black cap covers his head-straw,
A vermilion mask hides his overflowing lake-eyes.
Stain-freckles,
Buckwheat grains,
Decorate his colorless cheeks,
As pale as rainy days.

"Why are you crying?"
      A dragonfly, flying close to him, asked.
"Why lose your precious pearls,
Let them fall on
Sleek and tired earth?"

The vermilion mask fell off the little gnome's eyes.
Watery gray eyeballs smiled at the dragonfly.
"I live in multiple colorful worlds," the gnome said.
"Handsome,
      and joyful,
They are all.

One flames,
      fire,
            feast,
                    pitchers full of wine.
An empty jar…

Another is the bazaar.
It screams, beckons, insults
'Follow me.'

The third is the money-grabber,
Order is its king,
Emptiness its queen.
Life is a paradise,
The hollow one.

The fourth world is my love.
 When her world is around me,

She takes me in her arms,
Treats me with sounds of birds and brooks.
At times, it seems
She is in love,
But not with me.

She lives in a Persian tent,
Full of music and rags.
She leaves it once a week,
When she awakens at night,
To smell the perfume of falling leaves.

I go with her
Wherever her heart's desires take her.
When my multiple worlds call,
I leave her behind.

There are worlds
Where the illusion of warmth and homely love is my drink,
And I am often drunk.

~ 266 ~

When I wake up,
The anguish possesses me.
Loneliness, a dry boring baba yaga, strangles me.

Sometimes I hear noises.
Dead wigged dolls surround,
                        Hug,
                              Beckon,
                                     Exhaust
                                            Me.
So plain, so flat, so dull…
Theater, they call it.

I sit too much,
I dream a lot,
And I sob—
For what?
My precious pearls…
How many I have lost!!"

The dragonfly shrugged her shoulder-wings.
"I am not your psychologist,"
She buzzed and shouted at him.

The laughter-fire took over my little gnome.
He does not lose his precious pearls anymore.

Red sparks,
Blue flames jump from his mouth.
The hole in the cloud…
He laughs
        at the dragonfly,
He mocks his long useless self-pitying cry

Гномик, стрекоза и я

Золотится небо зеленое,

Облака бесцветные его обрамляют.

На облаке гномик сидит.

Черная кепка его голову-солому

                              покрывает,

Маска бордовая его глаза скрывает.

Щечки блеклые крупинки каши гречневой,

Пятнышки-веснушки

                      украшают…

Гномик сидит.

Жемчуг из глаз его вылетает

И платье его ласкает..

Почему ты плачешь? –

          Спросила его подлетевшая к нему стрекоза.

Почему ты жемчужинки свои теряешь,

С облаков на землю гладкую гадкую

Им лететь позволяешь?

Гномик маску снял,

И увидела стрекоза

Его, пустые серые глаза…

Я живу во многих мирах, -

Ей гномик отвечает.

Все они хороши,

Все они веселы,

Но все они не мои.

~ 269 ~

Один – горящие огни,

Застолье,

Кувшины вина,

Часто в нем скучаю я.

Другой - Истанбульский базар.

В нем кричат, зазывают,

Меня обижают.

В третьем монеты чеканят.

Там я на работу хожу

И деньги гребу.

Порядком этот мир меня восхищает,

И пустотой он меня поражает.

В четвертом есть девушка у меня.

Она хороша, умна, холодна.

Когда я в ее мир прилетаю.

Она меня обнимает,

Мне сказки вещает,

Меня звуками птиц и ручьев угощает.

Мне кажется иногда,

Что девушка моя

Любит только себя,

И меня не очень понимает.

У нее шалаш,

В который она влюблена.

Никогда она его не покидает,

Только лишь,

Когда по лесу со мной гуляет.

А так в мирах многоцветных моих

Всегда один летаю я.

Есть миры,

Где меня хорошо принимают,

Угощают, согревают,

А потом иллюзией напоив,

      Покидают.

Иногда я слышу шумы.

Меня куклы в париках окружают,

Обнимают,

Зазывают.

Театром они это называют.

Но куклы мертвы,

И часто бездарностью своей меня они утомляют.

Одинока жизнь моя.

Во всех мирах

Жить хочу я,

И от всех бегу я.

Я чего-то ищу,

Но найти не могу.

Вот теперь я на облаке сижу,

Мечтаю и жемчугами рыдаю.

Козирога во сне встретил я.

У него грустные зеленые глаза.

Они что-то отражают,

~ 271 ~

Они меня зазывают.

Я в них окунаюсь,

В них теряюсь.

Они – слезы и смех,

Они – радость и боль…

Когда я просыпаюсь,

Я их ищу и не нахожу.

И вновь я в чужих мирах живу,

Замерзаю,

И себя слезами-жемчужинками согреваю.

Стрекоза плечиками-крыльями пожала.

«Я тебе не психолог,» - она прожужжала,

И ускакала.

Смех-огонек гномика моего охватил.

Он на облаке все еще стоит,

Сотрясается.

Но теперь он жемчуг свой не теряет,

Из него голубоватый огонь,

Искры красные

         Вылетают.

В облаке дыра –

Это от смеха

Гномика моего

Над стрекозой

И над самим собой.

Clairvoyant

The dancing hopeful World,

Colorful, desperate Hanged Man,

Pink Lovers in black colors,

Fighting for a place under the sign of choice,

Hermit, tired from lonely existence in God,

Hopeless priest…

Cards-dice

Jump out of my white-yellow trembling hands

Under her closely watching gaze.

Hearts and Spades…

Against me…

"Forgive me," she whispers,

Her voice a cat in heat,

"Your future is a boredom.

It does not seem to be you."

Euros rattle in our hands.

Her fixed glance

And dry future,

Not mine,

Accompany me

To the door.

I leave them behind

In a small stuffy room

~ 273 ~

With no windows,

No air,

With an ageless woman,

A futureless fortune-teller.

Fear of a heavy unmovable mass,

Translucent boredom,

Mixed with a

Sparkling fear of day

            walking by,

 Filled with a colorless empty space…

Gray trees with no leaves,

Brought me to you,

And I moved away.

Rebelled.

I walk in a narrow street, lit by summer evening light,

With my future on my arm:

Colorful as a Monarch butterfly,

Gentle as drops of awakening sun rays,

Glimmering as twilight flames of the setting round ball…

           Mine.

Гадалка

Вселенная ,

Повешенный,

Возлюбленный,

Отшельник…

Карты-кубики выскакивают

Под взглядом пристальным ее

Из бело-желтых

Дрожащих рук

        моих..

Сердца и пики

Все мне идет в пику…

Она говорит

Голосом терпким

О жизни моей,

О той,

Что в картах таро

Красками броскими заиграла.

«Простите,

Но ваше будущее скучно…

Вам не подходит оно… »

Евро шуршат в наших руках…

Ее пристальный взгляд,

И сухое, не мое будущее

Провожают меня...

Я их оставляю позади себя...

И иду к будущему

Моему,

Яркому,

Искрящемуся каплями утреннего дождя,

И отблесками вечернего солнца,

К тому, которое создал я.

Please don't say...
To Emily Dickinson

Please don't say
You don't know.

Your words are a golden knife;
                     They sharply chop:

"We never know we go – then we are going
                     We jest and shut the door;
Fate following behind us bolts it,
                     And we accost no more."[1]

Your words are pomegranate's ground seeds,
                           Wine-red blood.
  "HEART, we will forget him!
    You and I, tonight!
  You may forget the warmth he gave,
    I will forget the light..." [2]

They bring you to life,
They sing about us,

    A hundred years passed:
                   me,

                           him,

                               you.

---

[1] 3 The Collected Poems of Emily Dickinson, with an Introduction and Notes by Rachel Wetzsteon, New York: Barnes & Noble Classics, 2003, CXXXI, page 254.
[2] 4 Ibid., XLVII, page 179.

~ 277 ~

A hundred years passed:
    Women, colorful dolls,
    dressed in multi-colored fur and shape-changing art,
    Men, black cockroaches, brown ants wearing white ties,
Became one:
    Trees of dark blue,
    Holes in their trunks,
    Bear twig-arms…

Don't say
You don't know:
You watch,
How they dress
       3

    Your mortal I,
    In a white dress,
    And take it away
              At night,
                      To the Uknown,
                          Beyond the ocean,
                              Sparkling broken crystal house,
                                  Silent shore of far away.

"On the wondrous sea,
       …
In the silent west,

3

5 See Ibid., CXL, page 259.

Many sails at rest,
> Their anchors fast;

Thither I pilot thee, --

Land, ho! Eternity!
> Ashore at last!"[4]

Today,

Tomorrow,

You watch and dance.

In the hall with a blinking light,

Where dark-yellow water washes the wall with its laugh,

In a castle of the never-ending day,

Where icy sun rains its rainbow rays,

Between movements' rhythm,
> Boots' creaking,

Your voice,

Your words,
> Sing anguish of your monochrome,
>> Dove's inner cry,
> Scream motley worlds of butterflies,
>> Restlessly pollinating flowers of your I.

Your daemon's rhythm,

Is a Menuet in words,

Time, a gray swamp, your friend:

Pushes you out, not in.

Two hundred years…

I lose my breath;

My heart stops to beat

When I hear your voice.

---

[4] 6 Ibid., CXLI, page 260.

~ 279 ~

His and her hearts,
      "Trees of dark blue,
      Holes in their trunks,
      Bear twig-arms"
Will feel it too,
When your words knock at their doors.

You knew!
Please don't say
You did not know.

Нет, нет, не говори

to Emily Dickenson

Нет, нет, не говори,

           не говори,
Что ты не знаешь...

Твои слова-
        золотистый ножик.
                Он отрубает.

Твои слова -
        размолотые зерна граната,
                бордова кровь -
                    тайна души.

Сто лет спустя
Они выражают,
        рожают тебя,
            его,
                меня.

Нет, нет не говори,
Что ты не знаешь...

Ты видишь,
Как одевают
        в белое платье
Твое бренное я
И увозят его куда-то
        вдаль
            от тебя.
Ты смотришь,
И танец танцуешь!
Ха, ха, ха...
Меж ритмом движений
И скрипом сапог
Голос твой,
    Слова твои
        Не умолкают...

~ 281 ~

Ритм души твоей -
                    менуэт в словах...
Вечность - подруга твоя.

Сердце стучит
          Двести лет спустя.

Нет, нет не говори,
              Что ты не знаешь!

My Lunar Friend

Мой лунный друг

My Lunar Friend

My lunar friend,
When I wander
In quiet streets of
The city's bosom
I look at the ill moon
And think of you.
Through
Noise of the oak tree leaves,
I hear your squeaky voice:
Mice in the cracks of walls
Whispering "Go away."
It rings false:
Rich beggar, dressed in rags,
In the streets of Jerusalem.
It sounds tired:
Twenty-year old car at its last breath.

Is it a voice of an aged man?
It beats me.
It begs for love.
It worships me.
It screams at me.
It pushes me away.
It cries for me to come back.
It hits me with sticks of its passionate love.

There is no end to this pain.
Exhausted,
I go to the ocean,
Look into its shoreless infinity,
And pray for sea waves
To wash away this illusion,
Which, as a memory,
you endowed me with.

You are a dark demon
Who came to earth
To plant the seeds for colorless pain,
For tears endlessly falling like rain,
And for sharp never-dormant sadness,
To stab with a sharp knife
                        everyone
Who you make yearn for a tiny space
Within the maze of your soulless I.

Мой лунный друг

Мой лунный друг,
Когда я гуляю
По тихим улицам
Шумного города,
Я думаю о тебе.
Я думаю о твоей любви,
Я думаю о моей любви,
И иногда сквозь
Роскошные листья дубов
Я слышу голос твой,
Который меня бьет,
Который меня предает,
И боли моей нет предела.
Тогда я иду на океан,
Смотрю вдаль
И молю морские волны
Смыть всю ту нелюбовь,
Которую ты мне подарил
В память о нашей любви.

Golden Light

You or not you?
Hair:
pitch with silver.
Eyes:
puddles, splotchy-looking water.
Lips:
two winding rivers meeting
in the middle of the fall meadow
of your face.
There are no running away rabbit-glances.
There is no tongue crawling out of the mouth's abyss
To utter some wavy words.
Your face looks like pages of books,
Dense and full of unexpected truths.

A house,
Yours? Maybe not.
Living room:
Snail-like gray stones
Sprawling out of the wall…
No fireplace,
No fire
laughing at night with colors
of a morning sea reflecting the rising sun…
No portrait hanging on the wall
Of your blond, snow maiden wife
Living in the snow valley of her dreams.

A park –
Yours? Maybe not.
Crowd in the park – your guests?
Grotto with no light…

You and I wander in the rain
in the park.
Your new wife –
"My wife," as you like to say…
Face:
Trenches-wrinkles.
Hair:
Damp straws.

Eye:
Horizon in fog.
Figure:

~ 287 ~

A dry tree,
With only dead lace-like leaves hanging from it,
Oak in winter.

She greets the crowd, smiles.
Is she a mistress of your park?
An empty hall with church-like bells,
Your face in dark…
Your pale lips look like
Awakening morning dew.

"You are happy, aren't you?"
"As never before.
My wife brought me peace,
The peace you so cruelly stole."

A thunder-laugh,
A downpour smash:
"Peace!" a chorale of guests sings in unison.
"Did you forget,
How you poisoned your blonde snow-maiden wife,
Put her in the wooden box,
And hid her in the earth?"

I open my eyes.
I see a princess-snail
Scrolling out of her elaborate shell,
Dressed in a white velvet gown of a distant past.
Her hidden butterfly escapes.
It flies away toward the golden light,
Calling her from invisible hidden paradise.
A yellow morning sun is glimpsing into my room.

Свет золотой

Ты да не ты...
Твои:
Волосы -
Смола с серебром.
Глаза -
Лужицы, грязноватая вода.
Губы –
Встреча двух извивающихся рек
На зеленом лугу лица...

Нет
      Бегущих в разные стороны зайцев-глаз,
Нет
      Языка из пропасти рта выползающего
      И исподтишка кусающего...

Твое лицо –
Страницы книги листаемой,
Свет и сюрприз.

Твой дом,
Да не твой...
Нет здесь гостиной
И выползающих из стен червей –
Серых камней.
Нет здесь камина,
Смеющегося по вечерам
Цветом моря и восходящей зари.
Нет здесь
Портрета жены твоей,
Ушедшей в долины au-délà.

Гости,
Не гости...
Грот...
По нему все куда-то идут,
Куда-то бегут.

Ты и я, мы вместе по гроту бредем.
У выдоха
Твоя новая жена,
«Моя жена» - твои слова.
Лицо, изрезанное ячейками
Гуляющих тропинок-морщин;

(Волосы - свисающаяся влажная солома вокруг лица,)
Глаза - затуманенный горизонт,
А сама – засушенное дерево,
Ни одного живого листка...
Нам улыбается по-хозяйски она.

Зала...
Церковные готические купола,
Пустота, темнота.
Ты на кресле сидишь,
Но улыбка твоя видна:
Утренняя просыпающаяся роса.

«Ты счастлив?»
«О, да! Как никогда!
Я с ней, моей новой женой,
Покой приобрел,
Который похитила ты у меня.»

Смех громовой...
«Покой!» хором гости поют в унисон,
«Ты забыл,
Как ты жену отравил,
В ящик из дерева положил
И закопал под землей!»

Я открываю глаза.
Напротив средневековая
Принцесса-улитка,
Выползающая из своего
Изящного узорного чехла...
Бабочка-душа.
В прощелине двери
Свет золотой зовет...

Ах, уже восемь часов утра...
Вставать пора.

A Song

"Make me a gift of your pure soul,"
    The bass sings.
"Make me a gift of your ardent heart,"
    He screams.
"Ah, how much I love to open myself to you!
Ah, I like so much to feel the pulse of your hand in mine!
Your company is a spring tempest.
Your voice is a scent of awakening flowers.
Our souls are one in a transparent stream
Accompanied by the tender strokes of wind,"
    Bass howls.

"I do not love you.
I do not want you.
I run away from you.
You are a sweet wine,
Filled with invisible tar,
An ecstasy.
You are an exotic unknowable drink,
One sip –
Forever drunk.

I do not need the ecstasy's diamond drops.
I do not want to be drunk.
I yearn for peace.
I run away from you –
From the howling rain of scratching-my-skin greenish pain,
And an intoxicating burgundy joy.
My reason guides me.

Oh, how much my heart longs for you…
No, no… do not think…
I will not let you take over me."
    I hear the bass's sobs.
In my chest, a broken metronome beats.
The usher's cough brings me back.

I am a violet aster.
I bloom under the green rays of summer,
I breathe the porous air of spring,
I swim in the kaleidoscope of fall leaves.
In winter I sleep:
I am in the land of Nod.
I forget the bass's sob.

Песня

"Подарите мне душу вашу прекрасную,"-
              пропел басом певец.
"Подарите мне сердце ваше горячее,"
              бас проревел.
"Ах, как нравится мне душу мою
Вам открывать,
        Открывать!
Ах, как нравится мне
Вас рядом с собой ощущать!
        Ощущать!
Ваше общество – буря весенняя.
Ваш голос – аромат просыпающихся цветов...
Сольем наши души в один поток..."
Голос басом орет.
"Я не люблю Вас.
Я не хочу Вас.
Я от Вас бегу.
Вы – наркотик,
Который дарит восторг.
Вы – то вино, которого глоток опьяняет.

Мне не нужен восторг.
Я не хочу пьянеть.
Вы – то экзотическое вино,
Выпив которое я разум теряю.
Я покоя хочу.
Я от Вас бегу,
        бегу.
Мой разум спасает меня...

Но душа...
Как она жаждет тебя.
Но не думай,
Не поддамся я!"--
Тенор рыдает.

How Nice

How nice
To lock the door behind you
And never think of you
Once you cross the threshold to the outside world!
How nice
To caress you –
Touching violets in the spring –
To look into your blue shiny eyes –
The colorless fall waterfall –
To feel your body's transport.
How nice
To feel love's joy
And know that I do not love you!

Как хорошо

Как хорошо
закрыть за тобой дверь
и никогда не вспоминать тебя!

Как хорошо,
когда ты здесь
смотреть в твои голубые глаза!

Как хорошо
слиться с тобой,
чувствуя зов всего тебя!

Как хорошо,
что я с тобой
тебя не любя!